동생과 친해지는 가족 놀이 70

조미나 지음

동생과 친해지는
가족 놀이 70

1판 1쇄 인쇄 2019년 11월 5일
1판 1쇄 발행 2019년 11월 10일

지은이 조미나
펴낸이 이윤규

펴낸곳 유아이북스
출판등록 2012년 4월 2일
주소 서울시 용산구 효창원로 64길 6
전화 (02) 704-2521
팩스 (02) 715-3536
이메일 uibooks@uibooks.co.kr

ISBN 979-11-6322-022-0 03370
값 15,500원

• 이 도서의 국립중앙도서관 출판예정도서목록(CIP)은 서지정보유통지원시스템 홈페이지 (http://seoji.nl.go.kr)와 국가자료종합목록 구축시스템(http://kolis-net.nl.go.kr)에서 이용하실 수 있습니다. (CIP제어번호: CIP2019039069)

행복한 **형제·남매·자매** 관계를 위한

동생과 친해지는 가족 놀이 70

조미나 지음

유아이북스
Ultimate Information

불편한 동거의 시작

"엄마! 오빠가 날 때렸어."

"엄마, 얘가 먼저 내 장난감 가지고 갔어."

"너네는 왜 맨날 싸우고 그래?"

자녀를 키우고 있는 부모라면 일상에서 자주 하는 대화입니다.

저도 그랬죠. 큰 아이의 시기와 질투심으로 인해 난감한 상황이 많았습니다.

둘째가 태어나자 엄마 품에 안겨 있는 동생의 다리를 괜히 잡아당기고, 누워있는 동생을 괴롭히는 등 이해하기 어려운 행동을 할 때가 많았죠. 물론 이해하려고 노력은 했습니다.

첫째와 둘만의 데이트도 해봤고, 귓속말로 "엄마는 세상에서 너를 가장 사랑한다"라고 속삭이기도 했습니다. 나름대로 애쓰고 노력했지만 아이는 사랑이 충족되지 못한 듯했었죠.

두 아이가 어떻게 하면 서로 사랑하면서 지낼 수 있을까? 고민하던 어느 날, 문득 이런 생각이 들었습니다.

'사랑을 몸으로 느끼고 즐길 수 있게 해보자.'

사람과 친밀도를 높일 수 있는 좋은 방법 중 하나가 스킨십이라고 합니다. 형제라도 일반적인 상황에서 서로 스킨십할 기회가 많지 않습니다. 저는 아이들이 놀이를 통해 자주 피부를 맞닿으면 친밀도가 향상될 것이라는 가정을 세워 실험에 들어갔습니다. 결과는 아주 성공적이었습니다.

이 책에 나온 '형제 관계 개선 놀이법'은 당시 제가 고민을 거듭해 만들고 실제로 적용해 본 프로그램입니다.

아이들과 함께 몸을 부딪치며 놀았더니 큰아이에게서 작은 변화가 서서히 일어나기 시작했습니다. 동생을 향한 부드러운 말투, 동생과의 점진적인 친밀도 향상, 상대방과의 관계 속에서 어떻게 해야 하는지 간헐적으로 생각하는 모습을 볼 수 있었고, 동생은 오빠를 의지하며 사랑하는 존재로 인식하게 되어 엄마의 노력이 결코 헛되지 않았다고 느끼며 자족하였습니다.

부모에게 있어서 두 아이가 함께 사랑하는 모습을 평생 지켜본다는 것은 더없이 흐뭇하고 소중할 것입니다.

유아기 등 미취학 시절의 소소한 사건들은 아이가 자라서 기억하기 힘듭니다. 그런데 그 사건들로 나타난 감정들은 그렇지 않습니다. 사랑으로 가득 차도 모자랄 어린아이의 감정에 분노나 좌절감이 자주 찾아오면 성장기 이후 수많은 문제를 부릅니다. 형제나 남매 혹은 자매 사이의 감정도 예외가 아닙니다. 관계에 대한 감정이 잘못 형성되면 성인이 된 이후에도 서로 간에 경쟁심리나 질투심에 쉽게 휩싸여 부모가 어떻게 되든, 재산 분할에만 민감한 형제들이 될 수도 있습니다.

사실 형제간의 질투심은 인류 역사에서 뿌리가 깊습니다. 성경에 나오는 최초의 가족 살인자, '가인(카인)'도 동생 '아벨'에게서 질투를 느껴서 해선 안 될 행동을 하고야 말지요. 일례를 든 것처럼 아이들이 어렸을 때부터 부모는 적절한 역할을 해야 할 필요를 느끼게 됩니다. 진정으로 아이의 미래에 대해 걱정하는 부모라면, 지나치게 감성에 치우치지 말고 중립적인 사랑을 취하여야 할 것입니다.

마음으로 아이들을 키우고 싶습니다. 아직도 가야 할 길은 멀지만, 이런 노력이 각 가정 내 희망의 빛줄기가 되기를 바랍니다. 나아가 우리 아이들이 내가 가진 것을 타인과 나눌 수 있는 사람이 되었으면 합니다. 하나의 결과물을 많은 사람과 공유할 수 있도록 도와준 하진, 하음이에게 고맙다는 말을 전하고 싶습니다.

2019년 가을

조미나 씀

1부 '마음을 나누는 정서놀이'에서는 음악, 언어, 미술 놀이를 바탕으로 서로에 대한 마음을 이해하고 바라보는 것에 초점을 맞추었습니다. 다양한 융합 활동으로 이루어져 있어 피아제의 구체적 조작기*에 해당하는 7세 이상 아동에게 적용하면 효과적입니다.

2부 '몸으로 하는 감각놀이'는 신체 놀이를 중심으로 하는 활동입니다. 피아제의 전조작기* 단계에 해당하는 5세 이상 아동에게 적용할 수 있으며 '즐거움과 유희'를 목표로 두었습니다.

책에는 세 명의 인물이 등장합니다.

아이들과 함께한 활동 방법들을 제시 후 **놀이의 울림, 대화의 울림, 책으로 나누는 대화** 등에 아이들이 깨닫게 된 부분이나 변화, 엄마가 전해주고 싶은 말들을 기록하였고 **놀이 대화**에는 활동 시 오빠, 동생의 대화 또는 일상 속의 에피소드를 담았습니다.

똑똑한 육아 상식에는 자녀를 키우면서 나누고 싶은 이야기와 정보를 공유했습니다. 자녀를 키우는 부모의 마음을 함께 공감하고 위로하는 작가의 글이 놀이 사이에 실려 있습니다.

도움이 되고자 부록에 활동 자료를 넣었습니다. 70가지의 놀이를 통해 아이들과 깊은 소통으로 자녀의 행복이 부모에게 전이되어 가정에 웃음꽃이 피어났으면 합니다.

책의 내용을 보면 '승자'라는 말이 빈번히 제시되는데 경쟁보다는 즐거움이 먼저라는 점을 말씀드리고 싶습니다. 경쟁심리가 발현되는 아이로 인해 어려움이 있다면 이 시간은 '마음 수업'이라는 것을 인지시켜 주세요. 또한, 아파트라는 구조 속에서 신체 활동을 한다는 것은 쉽지 않지만, 타인에게 피해가 되지 않는 범위 내에서 이끌면 배려하는 마음 또한 심어줄 수 있겠죠?

용어설명

구체적 조작기: 이 시기에는 자기 중심성에서 벗어나 여러 형태의 조작에 의해 과학적인 사고와 문제해결이 가능합니다.
전조작기: 자아 중심적이고 사물의 하나의 특징에 집중하여 사고하는 경향성이 관찰되는 시기입니다.

차례

1부 **마음**을 나누는 **정서놀이**

1장 정서지능을 길러주는 음악놀이

2장 표현하는 법을 배우는 언어놀이

3장 감정을 표현하는 미술 놀이

2부 몸으로 하는 **감각놀이**

1장 긍정적인 경쟁심을 길러주는 승부 놀이

2장 자긍심을 높여주는 협력놀이

마음을 나누는 정서놀이

엄마

엄마의
따뜻한 체온을 느꼈던 그 품이
어렴풋이 기억나는 하루
품에 안아 당신이 들려주었던
'동그라미' 노래 가사가 기억나는 하루
딸을 사랑했던 그 마음
다 헤아릴 수 없지만
엄마가 되고 나니
엄마의 마음이 읽히네요.
당신을 향해 시들었던
사랑의 꽃을
다시 피워보렵니다.

1장

정서지능을
길러주는
음악놀이

다섯 글자 예쁜 말을 해요

● 준비물 〈다섯 글자 예쁜 말〉 동요, 타악기 (셰이커나 마라카스)
● 연령 6세 이상
● 놀이목적 감정 교류, 표현력 증진

1. 〈다섯 글자 예쁜 말〉 동요를 듣고 불러봅니다.

2. 노래 가사 속 '다섯 글자 예쁜 말'의 의미에 대해 알아보고 몸으로 표현해봅니다.

3. 상대방에게 언제 다섯 글자 예쁜 말을 하면 좋을지 이야기해봅니다.

4. 함께 손을 잡고 교차하면서 양옆으로 흔듭니다.
   (노래를 들으며 진행합니다.)

5. 다섯 글자 예쁜 말이 나오면 서로 안아줍니다.

6. 음악을 다시 들으며 타악기를 함께 연주합니다.
   악보의 마디마다 타악기 흔드는 방향을 오른쪽에서 왼쪽, 위에서 아래 순서로 바꾸어 줍니다.
   단, 좌우로 흔들 때는 악기를 X자로 교차해서 흔들어주세요.

   예 한 손(오른쪽 두 번, 왼쪽 두 번 흔듦)만으로도(위로 두 번, 아래 두 번 흔듦)

7. 위의 연주를 반복하되 다섯 글자 예쁜 말 가사가 나오면 흔드는 속도를 빠르게 합니다.

수행 시 '다섯 글자 예쁜 말'은 '사랑합니다', '고맙습니다', '감사합니다', '안녕하세요', '아름다워요', '노력할게요'를 지칭합니다.

❶ 타악기로 자유 즉흥연주를 하면서 다섯 글자 예쁜 말이 나오면 악기를 멈추고 노래를 불러봅니다.

❷ 자유 즉흥연주는 타인의 행동과 연주 등을 모방함으로써 새로운 움직임을 만들 수 있고 창의력, 협동심, 배려심을 길러줄 수 있습니다.

놀이
대화

얘들아~ 언어에는 온도가 있단다.

너희들의 말의 온도는 몇 도라고 생각해?

100도요.

40도요.

하진이는 말의 온도가 높고, 하음이는 온도가 낮구나.

그럼 우리, 물에 따뜻한 말(고운 말)을 해주었을 때 와

차가운 말(미운 말)을 해주었을 때 어떻게 결정체가 변하는지

확인해보자.

유튜브에서 〈물의 결정체 영상〉을 검색해 함께 봅니다.

우와! 신기하다.

아이들은 언어의 놀라운 비밀을 알게 됩니다.

2 멋진 얼굴 만들기

- ● 준비물 〈예쁜 아기곰〉 동요, 종이 접시, 색종이, 풀, 가위, 스티커
- ● 연령 7세 이상
- ● 놀이목적 감정 교류, 정서 함양, 표현력 증진

1. 〈예쁜 아기곰〉 동요를 불러 봅니다.

2. 노래 속 '아기곰'의 특징을 이야기해봅니다.

    예 동그란 눈, 까만 작은 코, 하얀 털옷을 입었어요.

3. 종이 접시에 상대방의 얼굴을 색종이나 스티커 등으로 표현해봅니다.

4. 종이 접시 얼굴을 보며 이야기를 나눕니다.

5. 종이 접시 얼굴의 특징을 보면서 상대방에게 〈예쁜 아기곰〉 노래를 개사하여 불러줍니다.

    예 윙크 눈에 동그란 코, 분홍 옷을 입은 예쁜 내 동생

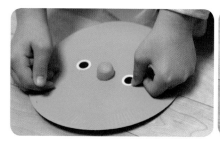
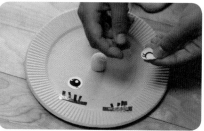

Tip

❶ 클레이 제품이나 찰흙 등 다양한 재료로 얼굴을 꾸밀 수 있습니다.

❷ 새로운 것을 찾아 도전과 경험을 해봄으로써 지능이 계발되고 창의력이 촉진됩니다.

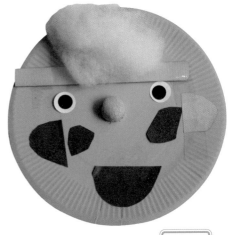

오빠 작품

동생 작품

정서적 안정감을 위한 음악 추천

똑똑한
육아상식

- Dream A Little Dream of Me (작곡: 이루마)
- Summer Rainbow (작곡: 전수연)
- Forest Gump (작곡: 앨런 실베스트리 Alan Silvestri)
- Nocturne (작곡: 앙드레 가뇽 Andre Gagnon)
- Waiting on the Rainy Street (작곡: 데이드림 Daydream)
- Stranger on the Shore (작곡: 케니 지 Kenny G)
- Summer (작곡: 히사이시 조 Hisaishi Joe)

하진이가 초등학교 1학년 때 학급발표회를 한 후 친구의 <섬머 Summer>
연주에 큰 감동을 받은 듯하였습니다. 통통 튀고 발랄하며 기억하기 쉬운 단
조로운 멜로디로 구성되어있고 제목처럼 여름의 역동이 느껴지는 음악입니
다. <섬머 Summer> 노래를 알고 난 후 아이의 입에서 흥얼거림이 자주 들
렸습니다.

우리 아이에게 즐거움을 안겨 주는 노래가 무엇일지 찾아보아요.

3

어떤 행운을 빌어줄까요?

- ● 준비물 〈네잎클로버〉동요, 색종이, 풀, 활동지
- ● 연령 7세 이상
- ● 놀이목적 감정 교류, 긍정적 정서 경험 놀이도구 참조 212-213쪽

1. 〈네잎클로버〉동요를 듣고 부릅니다.
2. 네잎클로버의 뜻과 유래에 관해 이야기를 나누어봅니다.
3. 상대방에 대한 사랑의 마음을 생각해보며 색종이로 하트를 접어봅니다.
4. 하트 네 개로 네잎클로버를 만들어봅니다.
5. 상대방에게 어떤 행운이 찾아오면 좋을지 종이에 사진과 같이 적어봅니다.

음악 활동

❶ 〈네잎클로버〉동요를 들으면서 다 같이 동그랗게 앉습니다.

❷ 공처럼 굴릴 수 있는 타악기를 네 박자 동안(♫깊고 작은 산골짜기) 서로에게 굴리며 주고 받아봅니다.

❸ 두 번째 마디 시작 시 악기를 잡은 사람이 두 번째 마디(♫사이로)를 연주합니다. 이후 같은 패턴으로 진행합니다.

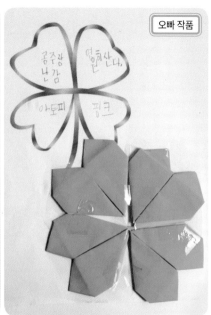

하트 접는 방법

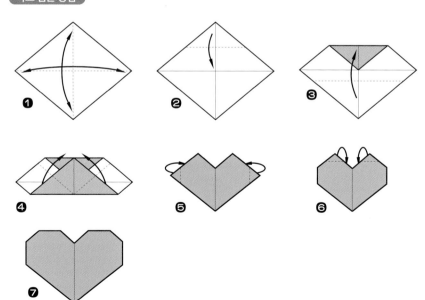

❶ ❷ ❸ ❹ ❺ ❻ ❼

타악기 연주의 효과

- 리듬감 있는 지속적인 박자를 연주함으로써 편안함과 안정감을 기르는 데 도움이 됩니다.
- 두드림을 통해서 아픔, 슬픔, 괴로움, 화 등 부정적인 감정과 기쁨, 즐거움의 긍정적인 감정을 모두 표현할 수 있습니다.
- 감정의 카타르시스를 경험합니다.
- 적극적인 자기 경험을 함으로써 공격성을 감소시킬 수 있습니다.
- 주의력결핍 과다행동장애 (ADHD) 유아의 주의집중력이 향상되고 충동 행동이 감소합니다.

손쉽게 구할 수 있는 타악기
마라카스, 탬버린, 트라이앵글,
캐스터네츠, 북, 실로폰

4 넌 할 수 있어!

● 준비물 〈넌 할 수 있어〉 동요, A4용지, 색연필, 스티커, 상자

● 연령 7세 이상

● 놀이목적 타인에 대한 긍정적 인식, 언어발달 향상

1. 〈넌 할 수 있어〉 동요를 듣고 부릅니다.

2. 어떤 이야기를 들으면 기분이 좋은지 이야기하고 A4용지에 적어봅니다.

3. 글자가 보이지 않도록 스티커로 가립니다.

4. 글자의 크기에 맞게 A4용지를 자른 후 상자 안에 넣습니다.

5. 상자에서 메모지를 뽑습니다.

6. 감추어진 글자를 맞춰보고 스티커를 떼어 확인합니다.

경청하기

경청은 부모가 아이에 대한 사랑과 존중을 표현해서 아이가 자신의 능력을 인식하게 만드는 좋은 교육방법입니다. 아이는 자신의 생각을 자유롭게 발표했을 때 무시와 조롱을 받지 않으면, 자신의 생각을 말하는 데 주저하지 않고, 가정, 학교, 사회에서 일어난 각종 문제도 용감하고 자신 있게 처리합니다. 독일 교육학자, 칼 비테는 이렇게 말했습니다.

"가끔 난 일부러 칼과 야외에서 산책하며 편안하게 교감했는데, 이렇게 하면 서로의 마음이 더 잘 전해졌다."

경청하는 것과 연계된 활동이며 상대방의 글자를 더 많이 맞춘 사람에게 긍정적 강화*를 해줍니다.

축구 잘한다 머리 예쁘다

멋지다 스티커줄께

모든 걸 잘한다 옷이 예쁘다

팽이를 잘한다 도깨비놀이해

똑똑하다 야구게임해

야구를 잘한다 아이스크림
사 줄께

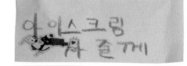

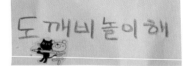

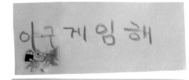

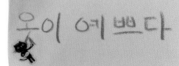

대화에서 아이를 존중하는 법

- 사소한 이야기를 합니다.
  - "꽃이 피었구나.", "바람이 차구나."

- 솔직하고 자세하게 말합니다.
  - 이해하지 못하더라도 친절히 답해주면 어떤 상황에서라도 다른 상대방을 존중해야 한다는 것을 이해하게 됩니다.

- 아이의 잘못에 대해서는 짧고 단순하게 말합니다.
  - 단점은 짧게 장점은 길게 말하는 것이 아이를 존중하는 대화의 핵심입니다.

- 말실수는 지적하지 않습니다.
  - 말실수를 지적하지 않아야 다른 사람 앞에서 편안하게 말할 수 있게 됩니다.

- 아이를 보고 말합니다.
  - 아이의 이름을 적절히 불러줍니다.

용어설명

긍정적 강화: 가치 있는 어떤 것을 제공함으로써 바람직한 행동의 강도와 빈도를 증가시키는 것을 의미.
  - 칭찬, 아이가 좋아하는 것

5 표정연구

- ● 준비물 〈얼굴 찌푸리지 말아요〉 동요, 종이, 신문, 타악기
- ● 연령 7세 이상
- ● 놀이목적 언어능력 향상, 타인에 대한 긍정적 인식

1. 〈얼굴 찌푸리지 말아요〉 노래를 들어봅니다.

2. 노래 박자에 맞는 반복적인 패턴을 만들어봅니다.

   예 (2박: 위로 흔들기 2박: 아래로 흔들기)–한마디
   (4박: 가운데 빠르게 흔들기)–한마디

3. 음악을 들으면서 패턴에 맞추어 타악기로 연주합니다.

4. 노래에 나왔던 다양한 표정을 신문, 잡지에서 찾아서 오려봅니다.

5. 각 표정에 대해 살핀 후 상대방이 언제 이런 표정을 짓는지 이야기해
   봅니다.

   예 행복, 웃음, 울음, 무표정

 Tip 가장 기억에 남는 상대방의 표정을 뻥튀기 과자로 만들어보는 놀이를 할 수 있습니다.

놀이 대화

 엄마, '프레디 머큐리'로 변신할게.

가위로 색종이를 잘라서 수염과 마이크를 만들고

속옷도 갈아입으면, 짠! 어때?

어머! 하진아 정말 프레디 머큐리 같구나.

어쩜 그렇게 흉내를 잘 내니? 참 재미있다.

엄마, 아빠의 관심사가 하진이에게도 전달되어 동일시 되었네요.

'The Present Is A Present.' (현재는 선물이다.)

현재를 선물로 여기며 매일의 삶이 이렇게 감사와 행복이 넘치면 얼마나 좋을까 생각해봅니다.

책으로 나누는 대화 《겁쟁이 빌리》

🧒 하음이는 걱정인형에게 무엇을 말하고 싶어?

👧 다음 달에 '스피치 대회'에서 잘할 수 있게 해달라고 말하고 싶어.

🧒 하음이가 스피치 대회를 앞두고 긴장이 되는구나.
편안하게 마음을 먹고 '난 할 수 있다'라고 생각하면 두려움이 사라질 거야.

걱정인형은 중앙아메리카 과테말라라는 나라에서 처음 생겼습니다. 아이들은 잠자리에 들기 전, 인형들에게 걱정거리를 하나씩 털어놓고 잠을 청했답니다.

표정과 관련된 동화책

▾ 웃음은 힘이 세다 (한울림어린이)   ▾ 출렁출렁 기쁨과 슬픔 (아이세움)

▾ 눈물바다 (사계절)   ▾ 겁쟁이 빌리 (비룡소)

6 날개 달은 천사

- ● 준비물 《천사의 날개》(세상모든책) 동화책, 팔절지, 파스텔
- ● 연령 7세 이상
- ● 놀이목적 창조적 표현력 증진, 자기표현능력 향상 놀이도구 참조 212-213쪽

1. 《천사의 날개》 동화책을 읽어봅니다.
2. 천사의 역할에 관해 같이 생각해봅니다.
3. 상대방에게 천사가 되어 도움을 줄 수 있는 것이 무엇이 있는지 이야기를 나누어봅니다.
4. 준비한 팔절지에 천사 날개를 예쁘게 그린 후 꾸며봅니다.
5. 앞서 나눈 이야기를 바탕으로 날개를 붙이고 역할극을 진행합니다.
6. 〈모두가 천사라면〉 노래를 감상합니다.
7. 노래에 맞추어 춤을 춥니다.

Tip
❶ 상대방이 알지 못하도록 '마니또 놀이'*를 하며 선의를 베풀어 줍니다.
❷ 창의적인 역할극을 표현함으로써 자신의 문제해결과 더불어 비합리적인 태도를 수정할 수 있는 기회를 제공해줍니다.

용어설명

마니또 놀이: 지정된 친구의 수호천사가 되어, 상대 몰래 옆에서 도와주는 것입니다.
⑩ 친구가 힘들어할 때 다가가 도와줍니다.
친구와 눈빛이 마주쳤을 때 미소를 보냅니다.
친구에게 손편지와 함께 맛있는 간식을 책상 위에 올려둡니다.

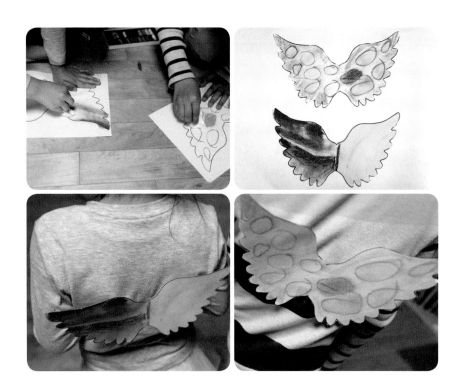

놀이
대화 🙂 하진이, 하음이는 천사가 된다면 상대방을 위해 무엇을 해줄 거야?

🙂 하음이가 세수하고 나면

옷을 갈아입을 수 있도록 내가 꺼내주고 싶어.

🙂 난 오빠가 좋아하는

'새콤짱(젤리)'을 사서 몰래 주고 싶어.

🙂 이야! 하진이, 하음이 멋지네.

우리 언제 한번 천사가 되어서 약속을 지켜보자.

음악극을 알아보아요

> ### 정의

음악을 매개로 하여 가창, 악기연주 등 음악 활동과 이야기가 결합한 활동입니다.

> ### 효과

❶ 음악적 즉흥 표현을 해봄으로 표현력을 키워줄 수 있고 자신감과 성취감을 얻을 수 있습니다.

❷ 음악극을 통해 간접적인 경험을 할 수 있습니다.

❸ 등장인물의 감정을 담아 노래를 부르면서 타인의 감정을 이해하는 데 발판이 되며 공감 능력을 익힐 수 있습니다.

❹ 악기연주를 통해 언어로 표현하기 어려운 것들을 생동감 있게 표현하고 수용하는 경험을 할 수 있습니다.

7 소리 탐색하기

- 준비물 타악기, 건반악기, 소리가 나는 물체(예: 비닐봉지, 컵, 젓가락 등), 눈가리개
- 연령 6세 이상
- 놀이목적 집중력 향상, 인지능력 향상

1. 준비된 악기나 물체의 이름을 인지한 후 소리를 내보며 탐색합니다.
2. 한 사람은 악기 소리를 내봅니다.
3. 상대방은 눈가리개를 하고 들리는 소리의 악기나 물체의 이름을 맞추어 봅니다.

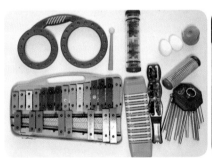

Tip 미세한 소리의 차이를 구별함으로써 청각적 뇌 기능의 발달에 도움을 줍니다.

소리 탐색의 중요성

똑똑한
육아상식

💛 능동적인 소리 탐색 활동은 창작학습에 대한 의욕과 관심도을 높이며 즉흥적인 창작 능력을 키워줍니다.

💛 음악에 대한 개념을 쉽게 이해할 수 있습니다.

💛 듣기 경험의 근원이 되며 상상력 계발의 기초가 됩니다.

💛 다양한 소리의 탐색이 뒷받침되면 음악의 리듬을 섬세하게 느끼고 표현할 수 있습니다.

생활속에서 들을 수 있는 초시계, 스피커, 좁쌀 등의 소리를 비교해 보아요.

자연의 소리가 귓속에!!

● 준비물 자연의 소리, 종이, 색연필

● 연령 7세 이상

● 놀이목적 집중력 향상, 창의적 표현력 향상

1. 자연의 소리는 어떤 것이 있는지 다양하게 이야기를 나누어봅니다.

2. 자연의 소리를 들어봅니다.

3. 소리를 듣고 느낌을 그림으로 표현해봅니다.

4. 그림에 관한 이야기를 해보며 다른 부분을 비교해봅니다.

Tip

❶ 오감에 관한 이야기를 다양하게 나누어봅니다. (예 오감의 구조, 역할 등)

❷ 비 오는 날 아이와 함께 투명 우산을 쓰고
빗소리를 들어봅니다.
느낌에 관해 이야기를 나누어보고
시도 지어봅니다.

경청
뚝뚝한
육아상식

타인과 마음을 주고받고 소통하는 데 필요한 '대화의 기술'입니다.

아이들과 실천하고 있는 듣기 연습을 소개해봅니다.

❥ 취학 전 아동: 소리 동화 앱 '레몽'을 사용하여 듣고 연상 할 수 있는 환경을 제공
해줍니다.

❥ 취학 아동: 유튜브에서 영어 성경(NIV)을 들으며 '구문'을 끊어 따라 말해봅니다.

아이를 향한 의사소통기술

똑똑한
육아상식

- 💜 주의 깊게 듣고 있다는 것을 행동으로 보여줍니다.
  - ◑ 고개 끄덕여주기, 적절하게 웃기

- 💜 감정이입 된 감탄사를 말합니다.
  - ◑ '정말 대단한걸', '슬펐겠구나', '재미있었겠다' 등 아이의 마음을 이해하고 있음을 말로 표현해줍니다.

- 💜 말하는 도중에 끼어들지 않습니다.
  - ◑ 같은 말을 반복해서 이야기해도 말을 하여도 끊지 않습니다.
    말할 때 방해를 받은 아이는 자신의 생각과 감정을 나누는 것에 불안을 느끼고, 다른 사람의 말을 무시하는 아이로 자랄 수 있습니다.

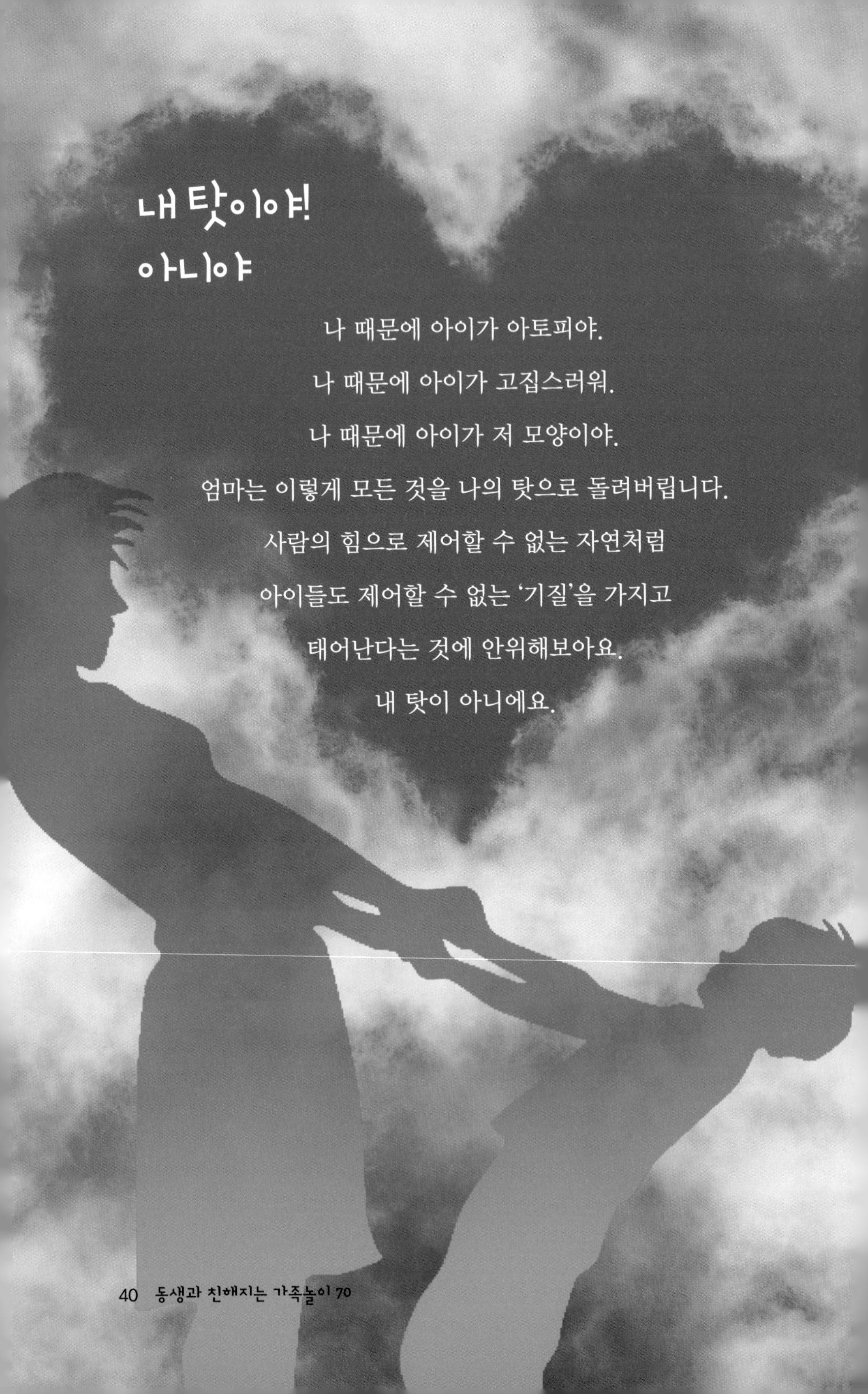

내 탓이야!
아니야

나 때문에 아이가 아토피야.

나 때문에 아이가 고집스러워.

나 때문에 아이가 저 모양이야.

엄마는 이렇게 모든 것을 나의 탓으로 돌려버립니다.

사람의 힘으로 제어할 수 없는 자연처럼

아이들도 제어할 수 없는 '기질'을 가지고

태어난다는 것에 안위해보아요.

내 탓이 아니에요.

2장

표현하는
법을 배우는
언어놀이

9 너를 위해 무엇을 할까?

● 준비물 《민들레가 전해 준 사랑》(태동출판사) 동화책, 필기구, 활동지
● 연령 7세 이상
● 놀이목적 감정 교류, 자기효능감 향상, 자기표현능력 향상 `놀이도구 참조` 212-213쪽

1. 《민들레가 전해 준 사랑》 동화를 읽어봅니다.
2. 책 속의 민들레처럼 나는 상대방에게 어떤 도움을 줄 수 있을지 생각해 보고 이야기를 나눕니다.
3. 종이에 적어봅니다.
4. 적은 종이를 보이는 곳에 붙여둡니다.
5. 실천한 목록에 동그라미 표시를 합니다.

오빠 수행목록

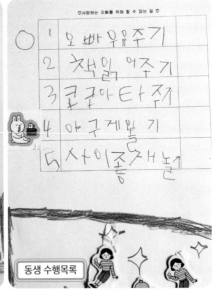

동생 수행목록

놀이 대화

오빠, 코코아 타줄게.

엄마, 코코아 타줬으니 동그라미 할게.

하음아! 코코아를 정말 잘 탔네. 맛있어!

여기 와봐. 오빠가 목에 있는 단추 풀어줄게.

사랑의 실천

수행한 목록에
동그라미를 표시하는 일들은
한 달이라는 긴 시간 동안
서로에 대한 사랑을
몸으로 실천할 수 있는
동기를 부여했습니다.
이로 인한 긍정적인 관계가
아이들의 마음속에
오랜 여운으로 남았습니다.

10

배려하는 마음

- 준비물 《구름빵》(한솔수북) 동화책, 신문, 필기구, 가위
- 연령 7세 이상
- 놀이목적 감정교류, 언어표현능력 향상, 인지능력 향상

1. 《구름빵》 동화를 읽고 이야기를 나누어봅니다.

2. 책에서 핵심 단어를 이야기해보고, 연계된 단어도 찾아 나누어봅니다.

3. 약 다섯 가지 단어를 신문에서 찾아 오려봅니다.

4. 두 단어를 정해서 짧은 글짓기를 해봅니다.

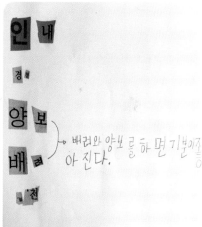

- ❶ 글자를 인지하지 못할 경우, 단어와 연관된 그림을 찾아서 이야기를 나누어봅니다.
- ❷ 신문놀이를 통하여 언어, 사고, 비평 능력을 키울 수 있습니다.

엄마, 반장은 어떤 일을 해?

내가 "물 갖다 줘" 하면 반장이 가져다주는 거야?

하진이가 거꾸로 생각하고 있구나.

반장은 아픈 친구가 있으면 하진이에게 친구를 챙겨달라고

부탁하는 등의 학급 전체를 배려하는 일을 해.

순진무구한 아이들과의 대화는 무뎌진 감성을 깨워주며

아카시아꽃의 향기에 날아드는 벌들의 움직임처럼

생동감이 넘칩니다.

미완성의 여백으로 배려를 알게 되네요.

똑똑한
육아상식

배려심 있는 아이로 키우는 법

- 부모님이 배려하는 본보기를 보입니다.
- 상대방이 어떻게 느끼는지에 대해 생각해보도록 합니다.
- 저지른 실수에 대해서는 옳고 그릇된 판단을 바르게 잡아줍니다.
- 사람마다 생각이 다를 수 있다는 것을 알려주며 상대의 태도가 '잘못된 것'이 아닌 '다른 것'이라는 사실을 알려줍니다.
- 자녀의 대화와 질문에 적극적인 관심과 반응을 보입니다.
- 아이의 감정에 대해 감정이입과 이해심으로 반응합니다.
- 가족과 함께 '자원봉사'를 합니다.

11 어떤 음식을 좋아하니?

- 준비물 《내가 더 맛있어》(어썸키즈) 동화책, 신문지, 가위, 풀
- 연령 7세 이상
- 놀이목적 감정 교류, 타인에 대한 긍정적 인식, 언어발달 향상

1. 《내가 더 맛있어》를 읽고 '존중과 다양성'에 관한 이야기를 함께 나누어 봅니다.
2. 상대방이 좋아하는 음식을 신문에서 오립니다.
3. 그림을 보고 상대방이 주어가 되는, 짧은 글짓기를 해봅니다.

Tip

❶ 나는 좋아하지 않지만, 상대방이 좋아하는 음식에 관해서 이야기를 나누어 봅니다.

❷ 상대방이 좋아하는 음식을 식사시간에 먹어보는 임무를 부여해봅니다.

〈동생〉

〈오빠〉

동생 작품

동생이 자장면과 우동이 똑같다고 했다.

오빠가 만수를 먹고

오빠 작품

 놀이
대화

👧 오빠가 좋아하는 '오이'다.

오빠, 맛있어?

👦 그럼, 쌈장에 찍어 먹으면 얼마나 맛있는데.

👧 나도 한번 먹어볼까? 못 먹겠어. 이게 무슨 맛이지?

👦 맛있잖아. 꼭꼭 씹어봐.

책으로 나누는 대화 《괴물이 나타났다!》

🙎 책 표면을 보니 어떤 느낌이 들어?

🙎 도깨비 같아.

🙎 왜?

🙎 나뭇가지가 꼬불꼬불해서….

🙎 아, 그렇구나.

책의 그림이 흑백 선과 점으로 표현되어 있어서 '도깨비 같다'라고 표현한 것 같네요. 숨은그림찾기에도 제격인 책입니다.

소문이 와전되어 어떤 괴물이 나타났을까요?

참 흥미로운 책입니다.

다양성을 알 수 있는 동화

💛 이모의 결혼식(비룡소)   💛 다른 일곱 같은 일곱(을파소)

💛 괴물이 나타났다!(북극곰)

12

신문지 펀치

- ● 준비물 《자꾸자꾸 화가 나》(큰북작은북) 동화책, 신문지
- ● 연령 6세 이상
- ● 놀이목적 자긍심 증진, 감정 표현

1. 《자꾸자꾸 화가 나》 책을 읽고 감정 표현을 어떻게 해야 하는지 이야기를 나눕니다.
2. 신문지를 펼칩니다.
3. 상대방이 힘껏 주먹으로 칩니다. 반으로 계속 접어가며 진행합니다.
   ★ 종이가 찢어짐으로써 스트레스를 날려줍니다.

스트레스 해소를 위한 음악 추천

똑똑한
육아상식

- 🌿 Morning mood (아침의 기분, 작곡: 에드바르드 그리그 Edvard Grieg)
- 🌿 Air on the G String (G선상의 아리아, 작곡: 요한 바흐 Johann Bach)
- 🌿 Salut D'amour, Op.12 (사랑의 인사, 작곡: 에드워드 엘가 E dward Elgar)
- 🌿 Prelude, Op.28 No.15 in Db major Raindrop (빗방울, 작곡: 프레데리크 쇼팽 Fryderyk Chopin)
- 🌿 La clair de Lune(월광, 작곡: 클로드 드뷔시 Claude Debussy)
- 🌿 Dance of the Blessed Spirit (정령들의 춤, 작곡: 크리스토프 글루크 Christoph Gluck)
- 🌿 Piano Sonata No.8 Op.13 'Pathetique' 2nd (비창, 작곡: 루드비히 베토벤 Ludwig Beethoven)

 Tip

❶ 화가 날 때 대체물(신문지, 가정용 펀치백)을 이용하여 '펀치'를 하면 감정 완화에 도움이 됩니다.

❷ 화가 날 때 타인에게 물리적인 행동을 가하지 않도록 인지시켜줍니다.

클래식 음악 감상

💜 **클래식이란?**

완전한 조화를 이루며 완벽한 형식을 추구하는 음악이 클래식 음악입니다. 시기
상으로는 주로 1730~1830년대의 100여 년간 작곡된 것을 말합니다. 왜냐하면,
그 시기는 음악의 완벽성을 추구하던 시대로 형식미와 내용의 균형을 이룸으로
써 음악의 조화로운 아름다움을 완성할 수 있었기 때문입니다.

💜 **효과**

❶ 음과 음의 조합을 통해 여러 음이 질서 있게 움직여 안정적이고, 반복과 변화
의 원리로 음악적 구조를 알 수 있습니다.

❷ 클래식 음악에서는 주로 협화음이 사용되기 때문에 다른 음악에 비해 정적인
느낌과 마음이 차분해지는 안정감을 느낄 수 있습니다.

13

멋진 우리 오빠, 동생

● 준비물 《멋진 형 멋진 자전거》(태동) 동화책, 색종이, 풀, 색연필
● 연령 7세 이상
● 놀이목적 감정 교류, 타인과의 관계성 인식

1. 《멋진 형 멋진 자전거》를 읽고 타인에 대한 좋은 점을 찾아봅니다.

2. 상대방이 언제 멋있어 보이는지 이야기를 나눕니다.

3. 색종이를 삼각형으로 접어줍니다.

4. 접은 종이를 연결해서 왕관을 만들어봅니다.

5. 상대방의 멋진 모습을 단어로 표현해보며 왕관에 적어봅니다.

6. 왕관을 상대방에게 씌어줍니다.

Tip 상대방의 멋진 모습을 관심 있게 지켜보는 시간을 갖습니다.
⑩ 축구학원에 가서 오빠 모습 보기, 동생이 그림을 그리고 있는 모습을 보
기 등

어, 저기 오빠다!

엄마! 한 골 넣었어.

손흥민 선수 같아.

이야! 오빠가 잘하는구나.

우리 응원해주자.

잘해라! 잘해라!

상대방을 긍정적으로 바라볼 수 있는 모습을 통해
서로에 대한 존중을 배울 수 있습니다.

격려의 비밀

똑똑한
육아상식

"칼을 키우면서 난 착한 행동을 끊임없이 칭찬하면 아이가 더 잘하려고 노력해서 결
국, 착한 행동이 습관이 된다는 것을 발견했다. 많은 부모들은 이러한 점을 인식하지
못한 채 아이의 착한 행동을 선천적인 것으로 보고 제때 격려하지 않는데, 이렇게 하
면 착한 행동에 대한 심리적인 인상이 강하게 남지 않아 일회성으로 그치고 만다."

- 독일 교육학자, 칼 비테 -

14 속상한 마음을 날려봐

- 준비물 색종이, 풍선, 바늘, 색연필
- 연령 7세 이상
- 놀이목적 감정 해소, 타인과의 관계성 인식

1. 색종이를 반으로 자릅니다.
2. 상대방에게 속상했던 일들을 반으로 자른 색종이에 그려봅니다.
3. 그림을 보며 이야기를 나누고 상대방의 마음을 알아봅니다.
4. 마음을 공유한 후 내용이 보이지 않게 접어봅니다.
5. 접은 종이를 풍선에 넣습니다.
6. 풍선을 불어서 바늘로 터트리거나 묶지 않고 멀리 로켓처럼 날려봅니다.

❶ 《슬픔을 멀리 던져요》(시공주니어) 동화를 활용해봅니다.
❷ 풍선을 터트릴 때 바늘 대신 신체(발, 엉덩이)를 활용하여 터트릴 수도 있습니다.

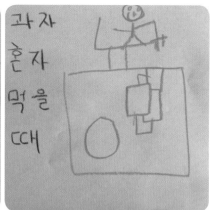

🍙 엄마, 나는 오빠가 내 방에 들어와서 물건을 숨길 때가 속상해.

🧒 나도 속상한 적이 있었어.

얼마 전에 네가 케이크를 더 많이 먹었잖아.

👩 하진이, 하음이 모두 속상했겠구나.

하진이는 속상한 일이 있으면 물건을 숨기지 말고 '대화'로 마음을 풀고

하음이는 맛있는 음식이 있으면 오빠랑 똑같이 나누어 먹도록 하자.

사소한 일들로 싸우고 속상해하는 모습들을 보면서

중재자로서의 엄마 역할이 참 힘들고 버겁기만 합니다.

책으로 나누는 대화 《소피가 화나면 정말 정말 화나면》

🧒 (책 표면을 보면서) 엄마, 엄청 화가 난 것 같아.

👩 그러네. 왜 화가 났을까? 책을 한번 보자.

하진이, 하음이는 화가 나면 어떻게 표현을 하지?

(책을 읽은 후 이야기를 해봅니다.)

🧒 나는 소리를 지르고 하음이는 울어.

👩 그래. 가끔 그러는 것 같아.

책의 '소피'도 너희들처럼 소리 지르고 울었는데

나중에는 어떻게 화를 이겨냈지?

🧒 자연과 함께 놀면서….

'화나는 감정'을 조절하지 못해 요즘 많은 문제점이 이슈화되고 있습니다.
어른에게도 꼭 필요한 동화 같네요.

화가 났을 때 읽어보는 동화

- 💜 화가 둥둥둥 (시공주니어)
- 💜 화가 날 때도 있는 거야 (풀빛)
- 💜 소피가 화나면 정말 정말 화나면 (책읽는곰)
- 💜 괴물들이 사는 나라 (시공주니어)

15

이야기 나누기

- 준비물 라벨지
- 연령 7세 이상
- 놀이목적 표현력 증진, 언어능력 향상

1. 라벨지에 아이들이 알고 있는 동화 제목을 적습니다.
2. 차례를 정한 후 제목을 보며 동화를 들려줍니다.
3. 상대방의 동화를 듣고 제목을 찾아봅니다.
4. 제목을 맞추었으면 라벨지를 뜯어서 가슴에 붙입니다.

Tip

❶ 시작 전 엄마와 함께 동화에 대한 간단한 내용을 확인해봅니다.
❷ 동화의 이야기를 통해 갈등의 유형과 각 상황의 결과를 관찰함으로써 갈등 해결의 실마리를 가질 수 있습니다.

헨젤과 그레텔	청개구리	신데렐라
라푼첼	아기돼지 삼형제	피노키오
늑대와 일곱마리 아기양	골디락스	콩쥐팥쥐
눈의 여왕	흥부와 놀부	심청전

똑똑한
육아상식

- 🍃 **정의:** 짝을 지어 질문하고 대화, 토론, 논쟁하는 유대인 전통 교육법.

- 🍃 **특징:** 정답을 찾기보다는 상대방의 의견을 주의 깊게 듣고 나의 의견과 비교해봄으로써 나의 의견을 상대방에게 이해시키려 노력합니다.

- 🍃 **효과:** 스스로 생각할 수 있는 사고력이 생깁니다.

    합리적 사고와 비판적 사고를 키울 수 있습니다.

    상대방의 의견에 경청함으로써 협력과 존중을 배울 수 있습니다.

하브루타 교육의 질문법 예시

(동화: 개미와 베짱이)

- 🍃 동화의 겉표지를 보면서 이야기 나눕니다.

    엄마: 개미는 무엇을 하고 있니?

    베짱이는 무엇을 하고 있니?

    개미와 베짱이의 표정은 어때?

- 🍃 엄마가 책을 읽어주고 ○, × 퀴즈를 냅니다.

    ⑩ 개미는 부지런히 겨울 준비를 하였다. (○)

    베짱이는 열심히 일을 하였다. (×)

- 🍃 깊이 상상하고 생각해봅니다.

    엄마: 내가 만약 개미라면 겨울에 집에 찾아온 베짱이에게 어떻게 했을까?

    왜 그렇게 하고 싶니?

    아~그런 생각을 했구나.

- 🍃 동화의 한 장면을 보여주면서 질문을 만들어봅니다.

    엄마: 개미의 집에는 어떤 음식이 있을까?

- 🍃 아이에게도 질문을 만들 기회를 주고 토론을 해봅니다.

16 감정 단어야 어디 있니?

- ● 준비물 라벨지
- ● 연령 7세 이상
- ● 놀이목적 표현력 증진, 타인에 대한 긍정적 인식, 언어능력 향상

1. 감정 단어를 라벨지에 적습니다.

2. 각 단어의 의미를 아이에게 적용하며 이해하는 시간을 가집니다.

    양치를 깨끗하게 했더니 입안이 '상쾌하다.'
   동생이 무대에서 춤을 출 때 '부끄러워한다.'

3. 상대방의 상황을 적용하며 감정 단어 글짓기를 입으로 표현합니다.

4. 한 문장을 완성하면 감정 단어를 본인의 몸에 붙입니다.

Tip
감정 단어를 몸으로 표현해보는 것도 즐거움을 극대화할 수 있습니다.

행복하다	억울하다	만족하다
상쾌하다	무섭다	부끄럽다
불쾌하다	자랑스럽다	호기심이 생기다
섬세하다	흥분되다	실망하다

놀이 대화

🙍‍♀️ 하진이가 세 살 때, 엄마는 너에게 든든한 감정을 느낀 적이 있었어.

🙂 언제?

🙍‍♀️ 하음이가 갑자기 열이 나서 엄마가 안절부절못하니

하진이가 체온계를 가져다준 모습이 아직도 생생해.

너도 어린데 어떻게 그런 생각을 다 했니?

🙂 내가 그랬구나. 체온을 재고 어떻게 했어?

🙍‍♀️ 열이 매우 높아서 응급실로 갔었어.

하진아, 그때 정말 고마웠어.

- 어린왕자의 꿈
- 라푼젤
- 브레멘 음악대
- 버드나무에 부는 바람
- 책먹는 여우
- 피터팬
- 무지개 물고기

아이들과 책을 읽은 후 연극, 뮤지컬을 관람하러 가기도 합니다.
다양한 매체를 통한 접근으로 책에 대한 흥미가 높아지는 듯합니다.

다양한 감정을 느낄 수 있는 동화

- 자꾸자꾸 초인종이 울리네 (보물창고)
- 율리와 괴물 (문학동네 어린이)
- 틀려도 괜찮아 (토토북)
- 리디아의 정원 (시공주니어)
- 열두 가지 감정, 행복 일기 (책 속 물고기)

17

따뜻한 단어 찾아 빙고

- 준비물 종이, 신문, 색연필
- 연령 7세 이상
- 놀이목적 언어능력 향상, 자아존중감 향상, 타인에 대한 긍정적 인식

1. 신문에서 긍정적인 단어를 함께 찾아봅니다.

2. 단어의 의미를 알아봅니다.

3. 단어와 관련된 다양한 이야기를 나누어봅니다.

   예 오빠가 언제 깨끗해 보일까? 동생이 언제 행복해 보이는 것 같아?

4. 빙고 게임을 하며 세 줄을 먼저 완성한 사람이 이깁니다.

<table>
<tr><td>오빠 빙고</td><td>동생 빙고</td></tr>
</table>

 Tip

❶ 어휘가 풍부한 아이들에게는 단어를 풍성하게 제시해볼 수 있습니다.

❷ 신문이라는 매체를 사용하여 기사, 사진, 그림, 재료 등으로 다양한 영역에서 통합활동을 할 수 있습니다.

신문 활용 교육(NIE*)의 중요성

- 쉽게 구할 수 있는 신문을 활용한 교육 방법으로 신문과 친숙해질 수 있는 기회를 제공해줍니다.
- 사고력, 종합적 판단력, 토론 능력, 창의력을 키울 수 있습니다.
- 사회의 문제를 생각해 볼 수 있는 기회를 제공해줍니다.
- 글자를 모르는 유아들에게는 그림이나 사진을 통해 글자에 대한 관심을 키우고 자극하는 교육방법이 됩니다.

신문과 친해지기

- 신문에서 가족 이름 글자 찾기
- 가족과 비슷한 캐릭터 사진 찾아보기
- 궁금한 글자 오려 문장 만들기
- 그림 보고 생각하는 말 적기
- 사진 보고 제목 짓기
- 글자 찾아 속담 만들기

용어설명

NIE: Newspaper In Education의 약어입니다.

18 긍정의 글자 경매 놀이

- 준비물 종이, 신문, 장난감 돈, 필기구
- 연령 7세 이상
- 놀이목적 언어능력 향상, 자아존중감 향상, 창이적 표현력 증진

1. 신문에서 긍정적이고 따뜻한 단어를 찾아보고 의미를 알아봅니다.
2. 찾은 단어를 가위로 자릅니다.
3. 장난감 돈을 통해 돈의 크기에 대한 개념을 인지합니다.
4. 각 단어의 우선순위를 정합니다.
5. 우선순위가 낮은 단어부터 경매 놀이를 합니다.
6. 각자 똑같이 나눠 가진 장난감 돈으로 단어를 얼마에 살 것인지 마음속으로 정합니다.
7. '하나 둘 셋' 구호에 맞추어 장난감 돈을 낸 후 큰 액수를 낸 사람이 단어를 가져갑니다.
8. 개인이 산 단어를 가지고, 상대방에게 짧은 글을 지어줍니다.

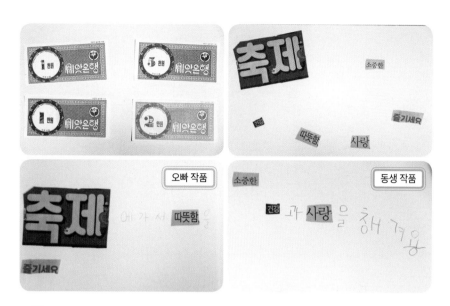

 Tip

단어 경매 게임을 통해 화폐의 단위를 익힐 수 있습니다.

과정의 말로 의사소통하기

결과의 말	과정의 말
🦋 방을 깨끗하게 치웠네?	⭕ 방을 혼자서 치웠구나. 어떻게 이렇게 깨끗하게 치웠니?
🦋 넌 역시 최고야!	⭕ 열심히 했구나!
🦋 수학 점수가 10점 올랐네!	⭕ 이제 수학에 자신이 생겼나 보다!
🦋 반에서 1등 했어? 축하해.	⭕ 지난 시험보다 훨씬 좋아졌구나! 열심히 노력하더니, 잘했어.

풍요 속의 빈곤

영화 〈천국의 아이들〉에서
부모도 알지 못하는 비밀을
해결해가는 남매의 모습에
지혜로움과 가족애를 느끼게 됩니다.
풍요 속의 빈곤함을
앓고 있는 요즘 아이들.
'알리'와 '자라'처럼
무엇인가에 간절함과 애달픔을
느껴본 적이 있을까요?

3장

감정을
표현하는
미술 놀이

19

소중한 모든 것

● 준비물 《강아지똥》 (길벗어린이) 동화책, 물감, 종이,
  찍을 수 있는 과일 또는 스티로폼 모형 (신문지 뭉치 등)
● 연령 7세 이상
● 놀이목적 자아존중감 향상, 자기표현력 향상

1. 《강아지똥》 동화를 읽습니다.
2. 동화를 읽으면서 가장 생각나는 것 하나를 정합니다.
3. 물감을 묻혀 표현해봅니다.
4. 이야기를 나누어봅니다.

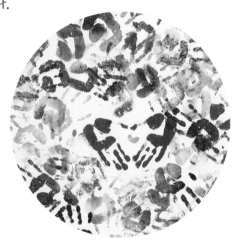

동화를 통한 인물관계 이해하기

똑똑한
육아상식

🌱 동화의 인물들을 동일 시 하거나 상황을 간접적으로 체험해 봄으로써 타인의 입
   장에 대해 생각해보고 원만한 대인관계를 유지해 나가는 경험을 제공합니다.

🌱 인물의 행동과 생각에 관해 이야기를 나누며 공감 능력과 배려심이 커갑니다.

오빠 작품

동생 작품

 Tip

❶ 강아지똥 오에스티(OST)를 들으며 음악에 대한 느낌을 이야기해봅니다.

❷ 보잘것없어 보이는 것도 가치 있다는 것을 알려줍니다.

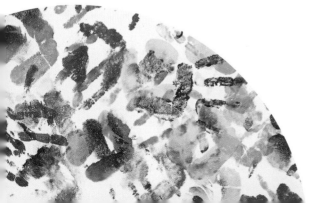

하진아, 하음아 너희는 무엇을 잘한다고 생각해?

난 축구.

난 종이접기.

그래. 누구나 잘하는 것들이 있지.

그런데 '치킨 마스크'는 자기가 무엇을 잘하는지 알지 못했지?

어느 날 '물을 잘 준다는' 친구의 말을 듣고 힘을 얻게 되었어.

얘들아, 주의를 잘 살펴봐. '치킨마스크'같은 친구가 있는지.

그런 친구들에게 어떻게 하면 좋을까?

하음이는 겸손하고 타인을 잘 챙기고 웃음이 많다는 장점이 있음에도
불구하고 자아존중감이 높지 않은 것 같았습니다.
친구들과의 관계 속에서 부끄러워하는 모습을 자주 발견했죠.
어떠한 연유에서인지 이제는 당당하게 다가가는 모습을 보면 자아존중감이
조금은 높아진 듯합니다. 작은 성과에도 엄마의 지속적인 칭찬이
변화시키지 않았나 하고 생각을 해봅니다.

자존감 향상을 위한 동화

- 너는 특별하단다 (고슴도치)
- 세상에서 가장 큰 아이 (비룡소)
- 치킨 마스크 그래도 난 내가 좋아 (책 읽는 곰)
- 상어 마스크 내 마음을 알아줘 (책읽는 곰)
- 누가 내 머리에 똥쌌어? (사계절)
- 줄무늬가 생겼어요 (비룡소)

20

든든한 둥지

- ● 준비물 《둥지없는 암탉》 (으뜸사랑) 동화책, 신문지, 스카치테이프
- ● 연령 7세 이상
- ● 놀이목적 자기효능감 향상, 정서적 지능 향상

1. 《둥지없는 암탉》 동화를 읽어보며 둥지에 대한 다양한 이야기를 나누어
   봅니다.

   * 둥지가 무엇일까?
   * 나에게 둥지가 되는 사람은?
   * 나는 누구에게 둥지가 되어 주고 싶은가?

2. 신문지 반을 잘라 길게 돌돌 말아봅니다. 여러 개를 만들어 놓습니다.

3. 앞서 만든 모양을 동그랗게 둥지처럼 만들어 테이프로 붙여봅니다.

4. 1단, 2단, 3단 등 만들고 싶은 높이를 정하여 포개어 붙여봅니다.

5. 새 두 마리를 그려서 둥지에 넣어둡니다.

> **Tip**
> ❶ 둥지가 새를 보호해주듯이, 어려움이 있을 때 서로에게 위로가 되는 존재
>   라는 것을 인지시켜줍니다.
> ❷ 형제 관계뿐 아니라 가족관계 영역에서도 적용해봅니다.

숲 체험 프로그램

- 흙으로 그림을 그려보기
- 돋보기로 꽃과 들풀을 자세히 관찰하기
- 나뭇가지, 나뭇잎 등으로 상대방의 형상을 만들어보기
- 풀줄기를 서로 걸고 잡아당겨서 끊는 놀이하기
- 폴짝폴짝 나뭇잎 징검다리를 만들어 넘기
- 다양한 나뭇잎과 돌멩이를 관찰하기
- 같은 잎 모양을 찾아보기

온 가족이 함께한 유치원 숲 체험 활동

유치원 선생님들께서 아이들이 완성한
조형 작품들을 나뭇가지에 걸어주셔서
학부모님들의 눈을 즐겁게 해주셨습니다.
하음이의 작품도 곳곳에 보이네요.
우리 집 가훈인 '사랑이 넘치는 가족'
삐뚤빼뚤 적은 글자와 꽃잎들의 조화가
엄마의 눈에는 '캘리그래피' 전문가 못지
않는 솜씨로 보입니다.

'믿음, 소망, 사랑 그중에 제일은 사랑'이라.

21

주고 싶은 선물

- 준비물 종이, 신문, 파스텔
- 연령 7세 이상
- 놀이목적 자아존중감 향상, 타인에 대한 긍정적 인식, 집중력 향상

1. 상대방에게 주고 싶은 선물을 신문에서 오리거나 종이에 그려봅니다.
2. 그림의 테두리만 파스텔로 칠한 후 가위로 오려봅니다.
3. 테두리에 색칠된 부분을 종이에 대고 손가락으로 밀어냅니다.

❶ 각각의 모양을 합하여 다채롭게 표현할 수 있습니다.

❷ 스토리텔링을 통한 미술 활동은 자신의 경험을 창의적, 적극적으로 쉽게 재구성할 수 있습니다.

놀이 대화

👦 엄마~, 어버이날이라 학교에서 카드 만들었어. 읽어줄게.

(부모님께! 씩씩하게 잘도 읽어주네요.)

"맨날 놀게 해주어서 고마워요."

👩 언제 이렇게 컸니? 고마워. 카네이션을 잘도 접었구나.

하진아! 부족한 엄마도 기대치를 내려놓는 게
쉽지 않은데 그렇게 느꼈다니 고맙구나.
믿는 만큼 자라는 우리 아이들~~
수용할 수 있는 양만큼 너의 그릇에 넣어줄게.

부모님 께 1
안녕하세요 저 하진이
에요 저 한 태 맨날 놀아도
댄 다고해주셔서 감사합니다
앞으로 학고에서 금부도
잘 할깨요그럼 안녕이
게세요
2019년5월7일화요일
이 하진 올림

부모님께 2
안녕하세요 저 하진 이예요
저번에 부산에 서 영화 도보고
맛있 는것도 먹게 해주셔서
감사합니다 저도
엄마 아빠 를 즐겁게
해드릴 께요 그럼 안녕이
게세요 2019년5월7일화요일
이하진올림

22

멋진 내 몸

- 준비물 전지, 색연필, 크레파스, 스티커
- 연령 6세 이상
- 놀이목적 자존감 향상, 언어능력 향상

1. 전지에 누워있는 상대방의 몸을 따라 테두리를 그려봅니다.

2. 테두리 안을 꾸며봅니다.

3. 형체를 꾸민 모습에 관해서 이야기를 나눕니다.

4. 오려서 벽에 붙여봅니다.

 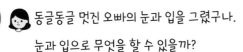

동글동글 멋진 오빠의 눈과 입을 그렸구나.

눈과 입으로 무엇을 할 수 있을까?

오빠가 나를 볼 수도 있고 동화책도 읽어줄 수 있어.

오빠가 즐겁게 해주니 하음이는 행복하겠구나.

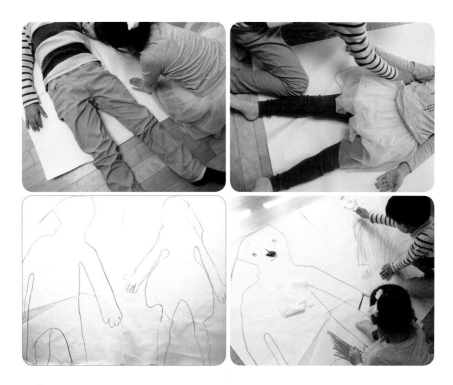

 서로의 신체에 대해 의사소통을 하며 관찰하는 시간을 가집니다.

신체를 이용한 미술놀이

- ❤ **신문지를 이용하여 애벌레 만들기**
  - ❶ 신문지를 찢고, 던지고 받는 신체 활동을 합니다.
  - ❷ 그 이후 신문지를 뭉쳐서 애벌레를 만들고 색칠을 합니다.

- ❤ **손바닥 발바닥 나무 만들기**
  - ❶ 전지 위 나무 그림 틀을 그립니다.
  - ❷ 물감을 묻힌 손바닥, 발바닥으로 공간을 메우고 찍어봅니다.

- ❤ **찰흙 던져 모양 만들기**
  - ◎ 찰흙을 바닥에 던져 무작위의 모양을 만듭니다. 손가락을 이용해 만들고 싶은 형태로 바꾸어 봅니다.

23

멋진 명패

- ● 준비물 종이, 색연필, 사인펜
- ● 연령 7세 이상
- ● 놀이목적 자아존중감 향상, 타인에 대한 긍정적 인식

1. 상대방의 긍정적인 별칭을 다양하게 이야기해봅니다.
2. 상대방이 나에게 지어준 별칭을 하나 골라 봅니다.
3. 상대방이 고른 별칭을 기록하여 명패를 만들어 줍니다.

오빠 작품

동생 작품

❶ 상대방 이름의 뜻을 알아보고 그와 연계된 그림을 그리며 명패를 만들어
볼 수 있습니다.

❷ 미술이라는 매체를 통해 상호작용을 함으로써, 알지 못했던 서로의 감정을
이해하는 데 도움이 되며 관계를 향상시킬 수 있습니다.

엄마! 나봐~~김연아 언니 같지?

(하음이는 트리플 악셀 기술을 흉내 내려는 듯

거실에서 양말을 신은 발로 한 바퀴 휙 돌더니 '꽈당'하고 넘어졌다.)

우와! 하음아,

김연아 언니 같은데….

안 아파?

괜찮아. 재미있어!

그래, 인생은 이렇게 오뚝이처럼 넘어졌다.

일어나는 일을 반복하는 거야

힘든 일도 좌절하지 않는 인내의 사람이 되렴.

자아존중감 향상을 위한 미술놀이

똑똑한
육아상식

💜 **난화 그리기**

　◎ 종이에 선으로 자유롭게 그림을 그린 후 형상을 찾아보고 이야기를 해봅니다.

💜 **동물로 나를 표현하기**

　◎ 자기를 나타낼 수 있는 동물을 그려서 다양하게 표현해봅니다.

💜 **내 방 만들기**

　◎ 상자를 이용하여 내가 가지고 싶은 방을 꾸며봅니다.

24

즐거운 여행

- ● 준비물 사절지, 크레파스, 파스텔, 나뭇잎(자연물)
- ● 연령 7세 이상
- ● 놀이목적 창조적 표현력 증진, 감성 증진

1. 함께 즐거웠던 여행을 생각해보며 이야기를 나누어봅니다.

2. 사절지에 협동하여 그림을 그려봅니다.

3. 채색한 후 자연물(나뭇잎, 솔방울 등)로 덧붙여 꾸며봅니다.

4. 다음에는 어떤 여행을 가고 싶은지 나누어보고 마무리합니다.

 놀이
대화

하음아, 어떤 여행이 가장 생각나?

나 '튜브 썰매' 타고 놀았던 곳.

아. 거기, 오빠는 '빙어 뜨기' 놀이가 가장 재미있었어.

하진이, 하음이 '알프스 마을' 축제가 기억에 남는구나.

엄마도 '나무썰매' 타기가 제일 재미있었어.

여름에는 다른 축제를 하는데 다음에 또 갈까?

이야! 너무 좋아.

아이들은 즐거웠던 여행에 관한 이야기를 나누며 활동을
하였습니다.

Tip

❶ 자연물을 함께 채집하면서 일차적인 친교 시간을 가집니다.

❷ 자연물을 가지고 놀이를 함으로써 자연과 동화되며 표현 욕구가 흥미롭게 자극됩니다.

자연물을 이용한 미술놀이 효과

똑똑한 육아상식

💜 자연물에는 선, 모양, 색, 패턴, 촉감 등 미술의 기본 요소가 들어 있어 오감을 통해 관찰하고 인지할 수 있습니다.

💜 자연에 대한 일상적인 지각에서 벗어나 창의적인 표현 활동을 도모할 수 있습니다.

💜 자연물은 몸과 마음에 긴장을 이완시키고 정서적인 안정감과 편안함을 제공하며, 생태 미술은 다른 활동영역과 유기적인 결합이 가능합니다.

25

과거 파노라마

- 준비물 사진(아기), A4용지
- 연령 7세 이상
- 놀이목적 타인에 대한 인식, 자아존중감 향상

1. 사진을 보며 누구의 모습인지 이야기를 나누어봅니다.

2. 사진의 표정을 보며 어떤 상황이었을지 유추해봅니다.

3. 사진첩을 만들어 상대방에게 선물로 줍니다.

   * 사진첩 접는 방법은 A4용지를 사용해 자유롭게 만들어 보도록 합니다. 인터넷을 검색해보는 것도 하나의 방법입니다.

모아애착

- 정의: 아동과 엄마의 일방적인 애착이 아닌 상호작용적인 애착을 의미합니다.

- 효과

  2차 세계대전 당시 보육원에 고아들이 많이 있었습니다. 정부에서는 물품과 먹거리 등을 아낌없이 지원해주어 넘쳤지만, 아이들의 키와 몸무게가 성장하지 않았을뿐더러 죽어 나가는 아이들도 있었습니다. 그런데 다른 한 방에 있던 아이들은 생동감이 넘치고 발육도 쑥쑥 잘되어 보육원 원장이 원인을 찾아보았더니 아이들 방 옆에는 미화원들의 방이 있었다고 합니다.

  한 미화원이 옷을 갈아입고 바로 옆이니 모든 아이들을 매일 짧은 시간이지만 한 번씩 만져주고 안아주었더니 놀라운 변화들이 생겼던 것입니다.

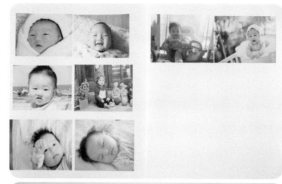

❶ 함께 했을 때의 과거를 회상합니다.

❷ 행복했던 일, 많이 웃었던 일, 즐거웠던 일, 울었던 일 등 생각나는 다양한
이야기를 나누어봅니다.

26

소중해요

- 준비물 사인펜(유성 매직), 파스텔, 그림 종이 등
- 연령 7세 이상
- 놀이목적 타인에 대한 긍정적 인식, 자아존중감 향상

1. 상대방이 소중하게 여기는 것이 무엇인지 생각해봅니다.
2. 상대방이 소중하게 여기는 것을 엄마가 그려주거나 출력해 줍니다.
3. 상대방이 소중하게 여기는 것을 생각해보며 '점묘화'나 '파스텔'로 꾸며 봅니다.
4. 상대방에게 완성한 그림을 선물해줍니다.

오빠 작품　　　　　　동생 작품

Tip 상대방이 소중히 여기는 것을 자신의 물건처럼 소중하게 생각하는 마음을 갖게 됩니다.

엄마! 오늘 유치원에서 '장난감 데이' 였는데

뭐 가지고 간지 알어?

오빠한테 비밀이야.

무선 자동차를 가지고 갔어. 쉿!

(유치원에서 하원 하자마자 두려워하면서

판도라의 상자를 열어줍니다.)

하음아!

오빠가 소중히 여기는 물건인데 마음대로 가져가면 어떻게 하니.

다음부터는 허락을 맡고 가져가자. 알았지?

하음이도 오빠가 너의 물건을 마음대로 가져가면 기분이 어떻겠니?

오빠가 오기 전에 얼른 제자리에 두자.

물건의 애착이 많은 하진이와 하음이.

서로를 잘 알기에 오빠 물건을 말없이 가져갔네요.

두려워하는 마음이 있는 것을 보니

무엇을 잘못했는지 아는 것 같아요.

남자아이를 잘 키우는 방법

- **감정을 솔직하게 표현**하는 모습을 자주 보여줍니다.
  - ◎ 아빠는 남자아이의 역할모델*이기 때문에 아빠가 감정을 솔직하게 표현하는 모습을 보여 주어야 합니다.

- **스킨십**을 자주 해줍니다
  - ◎ 테스토스테론을 가지고 있는 남자아이들은 공격적이기 때문에 많이 안아주고 사랑한다고 자주 말을 해주면 공격성이 적어지고 감수성도 풍부해집니다.

- **몸으로 느낄 수 있는 체험**을 많이 해줍니다.
  - ◎ 호기심이 왕성하고 움직이면서 배우는 것이 여자아이들보다 빠르기 때문에 체험학습을 많이 합니다.

- **운동에너지를 발산**하도록 합니다.
  - ◎ 발산시켜야 하는 대근육의 양이 많기 때문에 땀이 나도록 신나게 뛰어놀도록 합니다.

용어설명

역할모델(role model): 사회적으로 수용되고 권장되는 바람직한 형태의 행동을 위해 본보기가 되는 대상이나 상징적인 모델을 의미합니다.

27

정성 깃든 생일상

- 준비물 아이클레이(점토), 받침대
- 연령 7세 이상
- 놀이목적 표현력 증진, 자아존중감 향상, 언어능력 향상

1. 생일에 관한 이야기를 다양하게 해봅니다.

    예 날짜, 먹는 음식, 받고 싶은 선물, 주고 싶은 선물 등

2. 상대방에게 생일상을 만들어 줍니다.

3. 생일상을 받은 후 생일축하 노래를 함께 불러봅니다.

4. 생일상을 받은 느낌과 차려준 음식에 관해서 이야기해봅니다.

  애들아~바다에서 나는 먹거리는

미역 말고 무엇이 있을까?

너희들이 좋아하는 거야!!

  김

 그래, 김이야!!

지금까지 먹어보지 못했던 다른 방법으로 만들어서 먹어보자.

찹쌀풀을 바른 뒤에 소금, 깨를 살짝 뿌리고

건조시켜 기름에 튀기면 된단다.

 (쓱쓱 싹싹 아이들이 풀을 바르고 색다른 경험을 합니다.)

오빠 작품

동생 작품

 Tip

❶ 생일축하 카드도 함께 만들어봅니다.

❷ 요리 활동으로 응용해봅니다.

책으로 나누는 대화 《엄마의 생일 선물》

🧒 하음이가 숲속에 간다면, 엄마 선물을 어떤 것으로 준비해 오겠어?

👧 산딸기가 맛있고 조그마해서 바구니에 많이 담아올 거야.

🧒 이야. 하음이가 따다 주면 기분 좋게 먹을 수 있을 것 같아.

그림이 참 따뜻한 《엄마의 생일 선물》 책입니다.

책장 속에 꽂혀있는 《타샤의정원》 책이 문득 생각났었죠.

하음이와 함께 사진을 보며 꽃과 음식에 대한

더 많은 이야기를 나누는 시간이었습니다.

생일과 관련된 동화

💚 내 생일에 뭐하지? (김영사)

💚 엄마의 생일 선물 (비룡소)

💚 갈색 아줌마의 생일 (시공주니어)

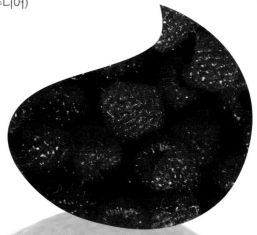

반쪽 그림 찾아라

- 준비물 신문, 색연필, 크레파스, 사인펜, A4용지
- 연령 7세 이상
- 놀이목적 창의력 향상, 자기효능감 향상

1. 그리고 싶은 사진 또는 그림을 신문에서 자릅니다.
2. 자른 사진을 보며 용도와 이름, 왜 이 사진을 잘랐는지, 다양한 이야기를 해봅니다.
3. 그림을 세로로 반 자릅니다.
4. 자른 그림 반을 A4용지에 붙입니다.
5. 잘려진 부분은 나만의 작품으로 다시 그려봅니다.

 신문을 활용한 미술표현은 자신감을 고취시키며 개성을 표출할 수 있는 방법
이 됩니다.

29

나는 너에게

- ● 준비물 영상을 찍을 수 있는 도구(스마트폰, 디지털카메라 등)
- ● 연령 7세 이상
- ● 놀이목적 언어능력 향상, 자아존중감 향상

1. 상대방에게 희망이나 바램 등 하고 싶은 이야기를 합니다.

2. 찍은 영상을 함께 보며 이야기를 나눕니다.

3. 서로에 대한 긍정적인 관계를 다짐합니다.

 일상생활 속에서 다툼과 마찰이 있을 때 영상을 보여주며 다짐을 기억하게 합니다.

비디오 자기관찰법

- **정의:** 자신의 행동을 비디오 녹화자료를 통해 관찰하는 것을 말합니다.

- **효과**
  1. 비디오에 담긴 자신의 모습을 보고 스스로에 대한 정보를 많이 알게 될수록 행동이 개선됩니다.
  2. 시각적 정보와 편리성을 가지고 있고 자신의 모습을 봄으로써 강화를 받을 수 있습니다.
  3. 언어적 지시, 언어적 강화를 동시에 적용하면 효과가 극대화됩니다.
  4. 자기관찰은 학습과 행동에 문제를 가진 학생의 지도방법으로 효과적입니다.

30

비밀의 마음을 찾아라

- 준비물 검은 도화지, 소금물(종이컵 2/3분량의 물에 소금 2~3숟가락), 드라이기
- 연령 7세 이상
- 놀이목적 창조적 표현력 향상, 정서적 지능 향상

1. 오늘 하루 있었던 일을 생각해봅니다.
2. 관계 속에서 상대방에게 미안했던 일들(이해받고 싶었던 부분)을 생각해봅니다.
3. 상대방에게 하고 싶은 말을 소금물을 사용하여 적어보거나 그림을 그려봅니다.
4. 드라이기에 말리며 숨어있는 그림과 글자를 확인해 봅니다.
5. 그림과 글자를 공유한 후 다짐에 관한 이야기를 나눕니다.

- 미술 활동의 시각적 자극과 과학의 다양한 조작적 활동이 어우러져 통합하여 교육하기에 유용하고 호기심과 함께 참여 욕구를 불러일으킬 수 있습니다.

- 통합적 경험을 통해 학문 간 여러 가지 형태의 결합이 가능하다는 것을 알고 다양한 형태의 학습이 다른 영역으로 전이되고 융합할 수 있다는 사고를 기를 수 있습니다.

과학 미술통합 프로그램

천연 염색하기

- 당근, 쑥, 블루베리 등으로 하얀 손수건에 물을 들일 수 있습니다.

공룡 화석 만들기

1 공룡 미니 모양을 찰흙(지점토)에 찍어봅니다.

2 석고를 부어 화석을 만들어봅니다.

색 밀가루 풀 만들기

1 식용색소를 이용하여 색 밀가루 풀을 만들어봅니다.

2 촉감을 느낀 후 그림을 그려 봅니다.

넘어짐

함께 손을 잡으며 동행하는 꽃길은

내 마음의 기쁨과 행복이 넘치지만

함께 손을 잡으며 동행하는 자갈밭 길은

그가 넘어지지 않을까

곁눈질을 하곤 합니다.

이것이 사랑입니다.

2부

몸으로 하는 감각놀이

꿈꾸지 않으면

하음이가 유치원에서 노래를 배워 왔습니다.

"엄마, 〈꿈꾸지 않으면〉(간디학교 교가) 들려줘."

하음이와 엄마는 함께 들었습니다.

노래의 멜로디와 가사에 매료되어

무한 반복으로 들었던 그 날이 기억납니다.

이제는 엄마가 좋아하는

노래가 되었습니다.

1장

긍정적인
경쟁심을
길러주는
승부 놀이

31

나는야 가수왕!

- ● 준비물 주사위, 키보드, 타악기, 게임말, 노래 제목들이 쓰여진 게임판
- ● 연령 6세 이상
- ● 놀이목적 심리정서발달 향상, 사회교류기술 향상　[놀이도구 참조] 212-213쪽

1. 주사위를 던집니다.
2. 던져서 나온 주사위의 눈만큼 게임말을 게임판에서 이동합니다.
3. 해당하는 노래를 엄마가 연주해주거나 들려줍니다.
4. 노래를 듣고 한 소절이라도 부를 수 있는 사람이 이깁니다.
5. 함께 노래를 부르며 다양한 타악기로 합주를 해봅니다.

동요와 언어의 상관성

똑똑한
육아상식

- 💜 동요는 유아들의 놀이에 많이 이용되고 있으며 알고 있는 표현 언어보다 더 높은 수준의 언어를 읽히는 계기가 되기 때문에 언어발달에 많은 영향을 줍니다.
- 💜 동요는 모국어에 대한 긍정적인 첫인상의 형성은 물론 언어발달 측면에서 지속적인 발달을 기대할 수 있습니다.
- 💜 동요를 즐겁게 불러보고 표현하면서 언어능력이 향상됩니다.

감성을 자극하는 동요

- 🍂 꿈꾸지 않으면 (작곡: 장혜선)
- 🍂 친구가 되는 멋진 방법 (작곡: 임수연)
- 🍂 내가 바라는 세상 (작곡: 윤일상)
- 🍂 노래가 만든 세상 (작곡: 윤학준)
- 🍂 푸른 세상 만들기 (작곡: 석광희)

곰세마리	사과같은 내얼굴	텔레비전에 내가 나왔으면	뽀뽀뽀	상어가족	작은별
					병원놀이
곰세마리	섬집아기	나무	즐겁게 춤을 추다가	어젯밤에 우리아빠가	뽀로로
사과같은 내얼굴					
텔레비전에 내가 나왔으면	뽀뽀뽀	상어가족	작은별	병원놀이	뽀로로
					어젯밤에 우리아빠가
→ 텔레비전에 내가 나왔으면	사과같은 내얼굴	곰세마리	섬집아기	나무	즐겁게 춤을 추다가

 게임판의 글자를 읽을 수 있는 아이라면 노래를 먼저 부를 수 있는 기회를 부여해줍니다

32

발로 연주해보아요

- 준비물 계이름 발판, 빈 종이, 상자, 펜
- 연령 7세 이상
- 놀이목적 집중력 향상, 대근육 발달, 인지발달 향상

1. 순차적인 계이름을 인지해봅니다.(낮은 도~높은 도)

2. 엄마가 노래 제목을 적어서 상자에 넣어둡니다.

3. 상자에서 노래 제목을 뽑아봅니다.

4. 상자에서 뽑은 노래의 계이름을 엄마가 불러 주면 계이름 판을 발로 밟아서 연주해봅니다.

5. 교대로 진행합니다.

6. 쉼 없이 잘 수행한 사람이 승자입니다.

 Tip

❶ 느린 패턴으로 진행하다가 익숙해지면 점점 빠른 패턴으로 진행합니다.

❷ 아이가 주체가 되어, 알고 있는 계이름을 자율적으로 상대방에게 불러 주면 흥미도가 고조됩니다.

악기교육의 필요성

- 악기연주는 주도적으로 음악 활동에 참여할 수 있고 큰 성취감을 부여해줌으로써 자기효능감*이 상승합니다.
- 악기연주를 통한 신체 활동을 통해 스트레스 상황에서 유연하게 대처하며 자아탄력성*에 긍정적인 영향을 줍니다.
- 스트레스 상황에서 긴장을 이완시킬 수 있고 정서적 안정감을 가질 수 있습니다.

하진이는 여덟 살 때부터 피아노를 배우기 시작했습니다.

요즘은 〈센과 치히로의 행방불명〉 삽입곡 중 〈언제나 몇 번이라도〉를 연주하며 스트레스를 푸는 모습에 악기교육의 필요성을 체감하고 있습니다.

계이름 밟기 노래 추천

- 학교 종
- 똑같아요
- 작은 별
- 나비야
- 바둑이 방울
- 비행기
- 곰 세 마리
- 싹트네

용어설명

자기효능감: 과제수행에 필요한 행위를 조직하고 실행해 나가는 자신의 능력에 대한 판단.

자아탄력성: 정서적인 상황 변화에 유연하게 반응하여 적응할 수 있는 개인의 능력.

33 마음의 무게

- ● 준비물 저울, 무게 측정 가능한 작은 물건 (콩, 바둑알 등), 상자, 라벨지
- ● 연령 7세 이상
- ● 놀이목적 타인에 대한 긍정적 인식, 언어발달 (표현언어) 향상

1. 동화 속 등장인물 중 선인과 악인을 구분하여 라벨지에 적습니다.

2. 라벨지를 잘라서 상자 안에 넣어둡니다.

3. 동화 속 등장인물의 이름이 적힌 종이를 상자에서 뽑아봅니다.

4. 등장인물이 동화 속에서 선인과 악인 중 어떤 역할이었는지 이유를 말해봅니다.

5. 등장인물이 선인이라면 물체 두 개를 저울에 넣고(+2), 악인이라면 물체 한 개를 뺍니다(−1).

6. 마지막까지 수행 후 저울의 무게가 더 나가는 사람이 이깁니다.

7. 수행한 라벨지는 가슴에 붙입니다.

 Tip

다양한 물체를 넣고 무게의 개념을 인지 할 수 있습니다.

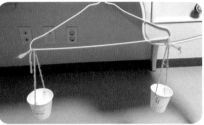

수학·과학통합 놀이

똑똑한
육아상식

▼ **정의:** 수학과 과학 영역 활동을 통합한 놀이를 의미합니다. 아이 스스로 주변 사물이나 대상에 대한 관심과 호기심을 가지고 발달 단계에 맞게 경험을 할 수 있습니다. 이러한 경험은 더욱 풍요롭고 조화로운 삶을 위해 필요합니다.

▼ **예시 [패턴 알기]**

❶ 다양한 동물의 알을 그림으로 알아봅니다.

❷ 알의 모양을 관찰 후 크기나 순서대로 배열할 수 있습니다.

마음무게

누구나 가지고 있는 마음의 무게
가벼울지라도, 무거울지라도
그 무게를 측정하는 것은
내 마음속의 계량기

영화 '인생은 아름다워'의
특별한 아버지의 그 사랑

웃음과 재치로
아들을 위로하는 여유로움
숭고한 그 사랑의 무게를
내 마음속에 심고 싶습니다.

34

다리빼기

- 준비물 멋진 나의 신체 다리
- 연령 5세 이상
- 놀이목적 사회교류기술 향상, 자긍심 향상

1. 마주 앉아 다리를 교차하여 뻗습니다.

2. 노래를 부르면서 손으로 다리를 한 번씩 터치합니다.

   (〈산토끼〉와 〈옹달샘〉 노래를 활용합니다.)

3. 노래가 끝날 때 손이 닿은 사람이 다리 하나를 뺍니다.

4. 마지막까지 남아있는 사람이 이깁니다.

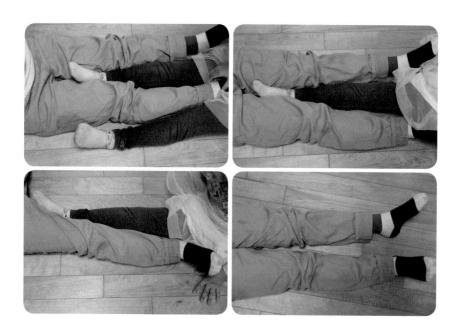

 Tip

❶ 아빠와 함께 온 가족이 함께해도 즐거운 게임입니다.

❷ 6세 이상의 아동에게 《우리 할아버지가 꼭 나만했을 때》(보림)를 읽고 다
   양한 전통놀이를 알아봅니다.

책으로 나누는 대화 《사시사철 우리 놀이 우리 문화》

얘들아, 책의 느낌이 어때?

그림들이 종이로 만들어져 있네.

진짜 살아있는 그림 같아.

그림들이 참 아기자기하고 책이 이쁘다.

(이야기를 나눈 후 책을 읽었습니다.)

'닥종이 인형'의 그림책이라 읽기 쉬워 가독성을 높여줍니다.
하진이는 책을 다 읽고 학교에서 배웠던 '고누놀이'*가 생각이 난 듯했었죠.
종이에다 직접 그림을 그리고 동생과 함께 고누놀이를 하였습니다.

전통놀이와 관련된 동화책

- 꼬방꼬방 대문놀이 (청어람 주니어)
- 날아라 똥제기 (키큰도토리)
- 사시사철 우리 놀이 우리 문화 (한솔수북)
- 해 떴다! 나가놀자! (키즈엠)

용어설명

고누놀이: 땅, 나무, 돌 등에 놀이판을 새겨 넣고 자신의 말을 움직여 상대의 말을 움직이지 못하게 하거나 잡아서 승패를 가르는 놀이.

35

모양을 찾아라

● 준비물 종이, 색연필

● 연령 7세 이상

● 놀이목적 인지기능 향상, 상호작용 향상, 집중력 향상

1. 흰 종이에 점을 많이 찍어둡니다.

2. 가위바위보로 순서를 정합니다.

3. 가위바위보를 이긴 사람이 점과 점을 직선으로 한 번 연결합니다.

4. 상대방이 뒤를 이어 점과 점을 직선으로 이어봅니다.

   (새로운 점과 점을 연결하여 직선으로 표현해도 됩니다.)

5. 삼각형을 만든 사람이 자신의 영역을 표시해둡니다.

6. 자신의 삼각형을 많이 모은 사람이 이깁니다.

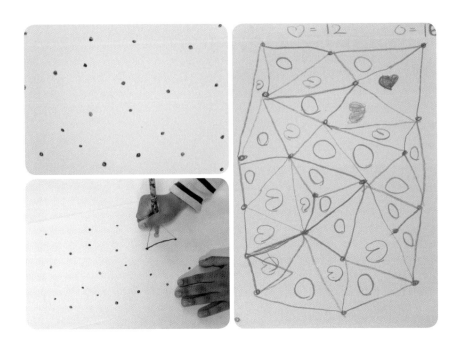

Tip 다양한 모양(사각형, 오각형 등)으로 응용할 수 있습니다.

놀이
대화 (가위바위보)

오빠가 이겼네. 먼저 해.

아싸. 내가 먼저하면 이길 확률이 높다.

오빠 세모 만들거지?

나 계속 못 만들게 방해해야지.

모두 다르단다

얘들아~~.

우리가 만든 삼각형 모양이 다르듯이

모든 생물체도 각각 풍기는 느낌이 다르단다.

도라지는 상냥하고 따뜻함,

흰 나팔꽃은 넘치는 기쁨,

개나리는 희망

너희들은 어떤 꽃의 느낌이 좋으니?

모든 것에 감사함과 기쁨이 넘치며

상냥하고 따뜻함으로

선한 영향력을 끼치는 자가 되렴.

36 누가 먼저 찾을까?

- ● 준비물 그림카드
- ● 연령 5세 이상
- ● 놀이목적 언어발달(수용언어) 향상, 집중력 향상, 지속력 향상 놀이도구 참조 212-213쪽

1. 카드를 바닥에 두고 엄마가 단계적으로 설명을 합니다.

   예 이것은 네모 모양입니다. 검은색입니다. '찰칵' 소리가 납니다.

2. 설명에 맞는 그림을 찾아 카드를 먼저 잡는 사람이 가져갑니다.

3. 게임이 끝난 후 카드의 수를 소리 내어 세어보거나, 높이를 비교하여 많은 사람이 이깁니다.

카드가 없을 땐 설명이 아닌 질문을 통해 상대방이 생각하고 있는 것을 맞추어 보는 '열 고개 게임'을 할 수 있습니다. '열 고개 게임'은 상대방에게 열 번물어볼 기회가 있습니다. 상대방이 생각하고 있는 것을 맞추는 놀이도 재미있어 합니다.

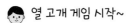 열 고개 게임 시작~

끈이 있나요?

네모 모양인가요?

먹는 음식인가요?

누가 좋아하는 물건인가요?(…)

정답은 바로 네가 좋아하는 아이스크림!

- **다양한 장난감**을 사줍니다.
  - 인형이나 액세서리, 옷뿐 아니라 다양한 것을 접해보고 조작해볼 수 있는 기회를 줍니다.

- 스스로 도전해서 **실패하고 성공하는 기회**를 만듭니다.
  - 남자보다 모험심이 부족하게 타고난 여자아이를 품 안에서만 키우면 의존적인 성향으로 자라기에 스스로 경험을 쌓도록 해줍니다.

- 많이 **뛰어놀도록** 합니다.
  - 운동 자극은 교감신경을 활성화해 우리 몸을 새로운 자극으로 받아들일 수 있는 준비상태로 만들어줍니다. 잘 뛰어놀면 새로운 도전을 하기 쉽습니다.

- 여성적인 것을 **강요하지 않습니다.**
  - 83퍼센트의 전형적인 성에 걸맞은 뇌를 가진 아이가 아니라 17퍼센트의 예외일 수 있습니다. 뇌는 고정된 것이 아니라 학습을 통해 계속 변하고 발달합니다.

- 《아이의 사생활》 -

놀이의 울림

아이들은 사랑을 말로 표현하지 않지만 서로에 대한 탐색과 관찰을 통해 사랑을 표현하고 있었던 것입니다.

아이들에게 비치고 있는 우리의 모습들은 어떠할까요?

37

덤벼라! 펜싱게임

- ● 준비물 신문지, 스카치테이프
- ● 연령 5세 이상
- ● 놀이목적 대근육 발달, 집중력 향상, 사회교류기술 향상

1. 신문지를 돌돌 말아서 테이프를 붙여 칼을 만듭니다.

2. 신문지를 삼각형으로 접습니다.

3. 신문지 모자 만들기는 종이배 만드는 과정과 비슷합니다.

   종이접기 시 사진과 같이 마지막 사각형 모양이 나오면 한 면을 들어 올려 삼각형 모양으로 접어주고 다른 한 면도 똑같이 접으면 모자가 완성됩니다.

4. 머리에 모자를 씁니다.

5. 자신의 칼로 상대방이 쓴 모자를 먼저 벗기는 사람이 이깁니다.

Tip

신문지 칼이 자칫 위험할 수 있으니 부모의 각별한 주의가 필요합니다.

종이접기의 효과

> 💜 종이접기 활동은 아동에게 즐거움을 제공할 뿐만 아니라 자연스럽게 자신의 감정을 표현하면서 내적 갈등을 완화하여 심리적인 안정감을 제공합니다.

> 💜 종이접기의 재료인 종이는 성질이 부드러워 다루는 사람이 촉감을 통해 안정을 경험할 수 있으며 상상 놀이로서 아동의 흥미를 유발할 수 있습니다.

> 💜 다른 사람의 방법을 반복적으로 따라 하는 모방 놀이로 만족감을 느낄 수 있으며, 성취감, 집중력, 창조성을 이끌어냅니다.

신문지 놀이

고군분투하며

즐거움이 고조되었던 펜싱게임.

신문지를 매일 같이 접고 즐거워하는

아이들의 모습 속에서

행복의 정의를 읽을 수 있었습니다.

38 구슬아, 들어가라

- ● 준비물 골키퍼의 역할을 할 수 있는 채, 구슬, 통
- ● 연령 5세 이상
- ● 놀이목적 대근육 발달, 균형감각 향상, 순발력 증진

step 1

1. 구슬을 손가락으로 쳐 통 안에 넣습니다.
2. 제한된 시간 안에 통 안에 많이 넣는 사람이 이깁니다.

step 2

1. 채를 움직여 구슬을 통 안에 넣습니다.
2. 제한된 시간 안에 많이 넣는 사람이 이깁니다.

step 3

1. 구슬을 손가락으로 쳐 통 안에 넣습니다.
2. 상대방은 골키퍼 역할의 채로 구슬이 통과하지 못하게 막습니다.
3. 골대에 구슬을 많이 넣은 사람이 이깁니다.

Tip

❶ 배드민턴 채로 구슬을 옮기며 골프 게임으로 응용할 수 있습니다.
❷ 채는 나무젓가락에 색종이를 돌돌 말아서 만들 수 있습니다.

(따르릉~콜렉트콜이 왔습니다)

👦 엄마! 학교에서 이가 빠졌어. 버려도 돼?

👩 빠져서 시원하겠다. 그래. 그렇게 하렴!!

9살 씩씩이. 엄마를 의지하는 모습 속에서 소소한 것까지 알려 주
어야 하는 시기입니다.
언젠가는 엄마를 떠날 아들이기에, 이 시간을 즐깁니다.
빈 둥지 증후군*이 올 땐 이날이 그리워지겠지요?

용어설명

빈 둥지 증후군: 자녀가 독립하여 집을 떠난 뒤에 부모나 양육자가 경험하는 슬픔,
외로움과 상실감.

이불 썰매 & 이불 김밥

39

- 준비물 이불
- 연령 5세 이상
- 놀이목적 사회교류기술 향상, 즐거움 제공

이불 썰매

1. 한 사람이 이불에 타고 다른 사람은 끌어줍니다.
2. 역할을 바꾸어서 해봅니다.

이불 김밥

1. 각자의 이불에 눕습니다.
2. 제한된 시간 안에 김밥 모양처럼 말은 횟수가 많은 사람이 이깁니다.

유령놀이

1. 이불을 뒤집어쓰고 유령 흉내를 내면서 잡기 놀이도 해봅니다.

Tip 협동게임은 목적을 달성하기 위해 즐겁게 참여함으로 부정적 행동이 감소하고, 긍정적인 상호작용이 증진됩니다.

선생과 스승

'지식은 교만하게 하며 사랑은 덕을 세우나니'
부모는 단순히 자녀에게 지식을 전달하는 선생님이 아닙니다.
스스로 모범을 보이고 사랑을 주는 스승이 되어야 합니다.

책으로 나누는 대화 《달 샤베트》

😊 얘들아, 책이 재미있지?

😀 아이스크림 먹고 싶다.

😊 책에 '달 샤베트'가 나와서 하진이가 먹고 싶구나.

여름에 에어컨을 틀지 않고 이겨내는 방법이 무엇이 있을까?

이번 여름에 실천해보자.

엄마는 생수병에 물을 꽁꽁 얼려서 시원하게 가지고 있어 볼 거야.

😀 나는 집에 있는 얼음팩으로 시원하게 보낼 거야.

환경 사랑과 관련된 동화입니다. 독창적으로 전개되는 이야기와 그림에 흥미를 갖게 되는 책입니다.

즐거움을 느낄 수 있는 동화

- 💜 색깔 손님 (한울림 어린이)
- 💜 달 샤베트 (책읽는곰)
- 💜 늑대가 들려주는 아기돼지 삼형제 이야기 (보림)

40

모양 뒤집기

● 준비물 A4용지 20장, 펜
● 연령 5세 이상
● 놀이목적 사회교류기술 증진, 인지능력 향상

1. A4용지에 한 면은 원, 다른 면은 사각형을 각 열 장씩 그립니다.
    (앞뒷면 색깔을 다르게 나타내도 됩니다.)
2. 바닥에 원과 사각형 모양이 보이도록 깔아둡니다.
3. 자신의 모양을 선택합니다.
4. 제한된 시간 안에 상대방의 모양을 자신의 모양으로 뒤집어 놓습니다.
4. 자신의 모양이 많이 뒤집혀 있으면 이깁니다.

 밝고 경쾌한 춤곡 형식인 〈크시코스의 우편마차〉를 들으면서 수행하면 박진
감이 더해집니다.

각 시, 도에서 지역주민을 위해 공공시설에서 수시로 공연을 진행합니다. 공연을 진행하는 대표적인 오케스트라를 소개하면 아래와 같습니다.

- 서울시립교향악단 ○ 우리 아이 첫 콘서트
- 서울시 유스 오케스트라
- 용인 시립청소년 오케스트라
- 성남 청소년 오케스트라

  (그 외 시별 합창단, 오케스트라 홈페이지를 통해 다양한 공연들을 확인하실 수 있습니다.)

경쾌한 행진곡 클래식

- Radetzky March (라데츠키 행진곡, 작곡: 요한 슈트라우스 Johann Strauss)
- Pomp and Circumstance Marches (위풍당당 행진곡, 작곡: 에드워드 엘가 Edward Elgar)
- The River Kwai March (콰이강의 다리 행진곡, 작곡: 맬컴 아널드 Malcolm Arnold)

클래식과 음악 놀이

슈베르트의 〈송어〉를 감상합니다.

🍃 음악에 대한 느낌과 생각을 자유롭게 이야기 나눕니다.
- 어떤 느낌이 들었나요?
- 어떤 장면이 생각나요?

🍃 음악의 특징을 찾아보며 감상합니다.
- 음악에서 반복되는 부분은 무엇이 있었나요?
- 음악의 빠르기는 어떤가요?

🍃 음악 감상곡에 맞추어 표현 활동을 해봅니다.
- 송어가 진짜 헤엄치는 것처럼 표현할 수 있을까요?
- 음악에 맞추어 빠르게 송어를 그려보니 어떤 느낌이 들었나요?

모차르트의 〈작은 별〉을 감상합니다.

🍃 음악에 대한 느낌과 생각을 자유롭게 이야기 나눕니다.
- 어떤 느낌이 들었나요?
- 어떤 장면이 생각나요?

🍃 음악의 특징을 찾아보며 감상합니다.
- 음악에서 반복되는 부분은 무엇이 있었나요?
- 음의 높낮이는 어떤가요?

🍃 음악 감상곡에 맞추어 표현 활동을 해봅니다.
- 별이 반짝이는 모습을 어떻게 표현 할 수 있을까요?
- 별 스티커를 손가락에 붙여서 음높이에 따라 반짝이는 별의 모습을 표현해볼까요?

41

솔잎 뜯기

- ● 준비물 솔잎
- ● 연령 5세 이상
- ● 놀이목적 소근육 발달, 감각운동 기능 향상

1. 솔잎을 만져보며 느낌을 이야기해봅니다.

2. 솔잎 가지를 하나씩 나누어 줍니다.

3. 가위바위보를 합니다.

4. 이긴 사람이 자신이 지닌 솔잎 가지에서 솔잎을 하나씩 뜯습니다.

5. 제한된 시간 안에 많이 뜯은 사람이 이깁니다.

Tip
❶ 발을 이용하여 가위바위보 놀이를 해봅니다.
❷ 자연의 중요성에 관해 이야기나누고, 땅에 떨어져 있는 솔잎을 채집합니다.

나누어 보아요

'아껴쓰고 나눠쓰고 바꿔쓰고 다시쓰는' 자원의 재활용의 가치에 대해 아이들과 이야기를 나눕니다. 대표적인 나눔 단체와 대표 물품을 소개하자면 아래와 같습니다.

- 아름다운 가게
   - 의류, 장난감, 생활용품, 도서
- 서울대공원(동물복지2과)
   - 이불, 담요, 옷, 모자, 가방, 장난감
- 한국동물보호교육재단
   - 패드, 케이지, 목줄, 밥그릇, 물그릇, 무릎담요 등
- 국립중앙도서관
   - 멀티미디어, 시청각자료, 일반도서, 학술도서, 연구보고서, 정기간행물 등
- 푸드뱅크
   - 가공식품, 신선식품, 가정용품, 의류·패션·잡화

책으로 나누는 대화 《바다를 병들게 하는 플라스틱》

새의 몸에 정말 병뚜껑, 장난감들이 들어있는 거야?

사람들이 바다에 쓰레기를 버리니까 동물들의 몸으로 들어가는 거야.

동물들이 아프고 힘들어하겠다.

우리가 어떻게 하면 바다를 지킬 수 있을까?

엄마! 난 물건을 꼭 필요한 것만 사고 일회용은 안쓸거야.

바다에 버려지고 있는 플라스틱으로 인해 동물들이 겪는 실상을 이야기해 줍니다.

실제 사진으로 환경의 경각심을 일깨워줍니다.

환경, 자연 사랑 동화책

- ❤ 지구를 죽이는 1초 지구를 살리는 1초 (미세기)
- ❤ 고릴라는 핸드폰을 미워해 (북센스)
- ❤ 코털 인간 기운찬의 미세 먼지 주의보 (크레용하우스)
- ❤ 참 고마운 친구, 숲 (엔이키즈)
- ❤ 바다를 병들게 하는 플라스틱 (생각하는 책상)

42

꼬리 잡아라

- ● 준비물 신문지, 옷핀
- ● 연령 5세 이상
- ● 놀이목적 즐거움, 표현력 증진

1. 신문지를 길게 여러 장 잘라 옷핀으로 엉덩이 부근에 고정합니다.
2. 뒤쪽에 있는 상대방의 꼬리를 떼어냅니다.
3. 잡히지 않도록 서로 피해 다닙니다.
4. 신문지(꼬리)가 많이 남은 사람이 이깁니다.

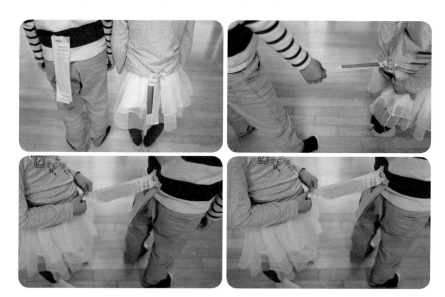

Tip

활동이 끝난 후 본인이 가지고 있는 신문지(꼬리)가 몇 장인지 소리 내어 세
어봅니다.

43 누가 멀리 가나?

- ● 준비물 콩 또는 작은 조각. 빨대
- ● 연령 5세 이상
- ● 놀이목적 집중력 향상, 공간지각력 향상

1. 콩을 책상에 두고 빨대로 바람을 불어 멀리 날립니다.
2. 콩을 멀리 날린 사람이 이깁니다.

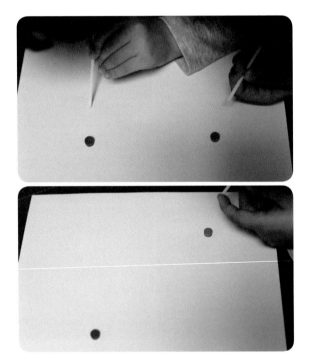

 Tip 큰아이는 작은 빨대, 작은 아이는 큰 빨대를 사용하면 형평성이 맞습니다.

💜 우리나라 고유의 놀이를 접함으로써 전통문화를 귀중히 여기고 계승시킬 수 있습니다.

💜 공동체 사회의 가치관, 의식을 기를 수 있습니다.

💜 실외에서 주로 이루어지기 때문에 기초체력을 기르며 대근육과 소근육 운동능력 등이 발달합니다.

전통놀이의 종류

🍃 새끼꼬기

🍃 산대놀이

🍃 길쌈놀이

🍃 굴렁쇠굴리기

🍃 이거래 저거래

🍃 깡통차기

🍃 고누놀이

🍃 풀묻기

🍃 깨금발싸움

🍃 장치기

44

나 잡아봐라

- 준비물 눈가리개(손수건 등), 소리 나는 도구(딸랑이, 탬버린 등)
- 연령 5세 이상
- 놀이목적 소리지각능력 향상, 공간지각력 향상

1. 눈가리개로 눈을 가리고 상대방은 악기를 흔듭니다.
2. 악기 소리가 들리는 곳으로 따라가며 잡기 놀이를 합니다.

 Tip

악기를 들고 있는 사람은 구석에 숨지 않고 도망다니며 놀이를 합니다.

아버지 이펙트

'딩동' 퇴근하고 들어오는

아빠의 초인종 소리에

아이들은 몸을 숨기기에 바쁘네요

어디 있나? 커텐 뒤에, 식탁 밑에, 옷장 안에….

아빠는 발걸음을 천천히 늦추며

아이들의 눈높이에 맞추어 숨바꼭질을 합니다.

매일 같이 반복되는 놀이지만

짧은 그 시간들이 가슴속에 저장될 소중한 추억입니다.

아버지 이펙트(father effect)˙가 발현되는시간입니다.

용어설명

아버지 이펙트(father effect): 아빠가 육아에 동참함으로 자녀에게 끼치는 영향을 말합니다. 긍정적인 효과로는 아이의 두뇌와 사고력이 발달하고, 아이의 신체 발달에 도움을 줍니다.

45 깃발 올려!

- 준비물 나무젓가락(막대기), 색종이
- 연령 5세 이상
- 놀이목적 집중력 향상, 순발력 증진

1. 좋아하는 색깔의 종이를 고릅니다.

2. 막대기에 색종이를 붙여서 깃발을 만듭니다.

3. 엄마의 구호에 맞추어 깃발을 들고 내립니다.

     예 '청기올려', '홍기올려', '청기 내리지 말고 홍기내려' 등

 Tip
❶ 다양한 언어를 구사하여 응용할 수 있습니다.
     예 '청기 발아래로 내려', '청기 귀 아래로 올리고', '홍기 머리 위로', '홍기 눈 앞으로'
❷ 아이가 직접 구호를 외치며 수행할 때는 표현언어 향상에 도움이 됩니다.

46

순간포착

- ● 준비물 색종이, 책
- ● 연령 5세 이상
- ● 놀이목적 집중력 향상, 순발력 증진, 인지능력 향상

1. 엄마가 책을 읽어주다가 멈춘 후 색깔(노란색, 분홍색)을 외칩니다.
2. 색종이를 먼저 잡는 사람이 이깁니다.

Tip
❶ 책의 소재 중 하나를 지목하여 종이접기를 해보며 마무리합니다.
❷〈두껍아 두껍아〉노래를 들으며 한마디에 색종이 한 장씩 가져옵니다.
(빨주노초파남보 무지개색 패턴으로 가지고 와서 순서대로 쌓아봅니다.)

전래동요 활용

- 신체표현, 놀이 활동을 통하여 어린이들의 흥미와 관심을 높일 수 있습니다.
- 놀이연계 활동 수업을 함으로써 음악 게임의 규칙을 다양하게 만들 수 있고 국악 흥미도를 높은 수준으로 향상시킬 수 있습니다.
- 음악극 놀이, 협동적 음악놀이, 운동감각적 놀이 등으로 확장해 갈 수 있습니다.

놀이와 연계하기 좋은 전래동요들

- 앞니 빠진 중강새
- 기러기
- 풍뎅이
- 남생아 놀아라
- 꼭꼭 숨어라
- 덕석몰기
- 동무 동무 어깨동무
- 동아따기 노래
- 대문놀이
- 새는 새는

47

더 밑으로! 림보게임

● 준비물 줄(끈)

● 연령 5세 이상

● 놀이목적 친밀감 향상, 순발력 증진, 지속력 향상

1. 줄을 위에서 밑으로 단계별로 내립니다.

2. 각 단계를 순차적으로 통과합니다.

   방법1 바닥은 등지고 통과합니다.

   방법2 하늘은 등지고 통과합니다.

줄을 이용하여 단계별로 줄넘기 게임을 응용합니다.
(림보게임과 반대로-발을 사용하여 위로 넘기)

보드게임 교육적 가치

🐦 수, 연산, 패턴, 수의 대소비교, 공간지각력, 시간의 흐름 등을 배울 수 있는 인지적 가치가 있습니다.

🐦 게임을 통해 또래와 자연스레 상호작용하면서 배려, 협동, 감정이입 등을 경험할 수 있습니다. 이를 통해 정서적인 교육적 가치도 익힐 수 있습니다.

교육적인 효과가 있는 보드게임들

- 다빈치코드
- 루미큐브
- 셈셈피자가게
- 러시아워
- 우노
- 아발론클래식

- 라바369
- 우봉고
- 카탄
- 라보카
- 닥터유레카
- 할리갈리 컵스

놀이 대화

얘들아, 이 게임 방법은 그림을 보며 나열하는 거야.

컵을 가로로. 세로로, 또는 동그랗게….

그림을 보면서 연습해보자.

엄마 이렇게 하면 되는 거야?

하음이 잘하는데….

근데 하음아.

이 게임은 빨리 모양을 만드는 사람이 이기는 거야.

오빠가 이길 것 같아!

아이들이 쉽게 할 수 있는 '할리갈리 컵스 게임**'입니다.

공간지각력과 순발력 등을 배울 수가 있습니다.

컵으로 규칙적인 패턴 놀이를 응용해서 즐겨봅니다.

용어설명

할리갈리 컵스 게임: 할리갈리에 컵 쌓기 게임을 결합한 듯한 게임입니다 카드마다 다섯 가지 색을 활용한 독창적인 그림들이 그려져 있고, 이 카드에 맞춰 컵을 쌓거나 늘어놓은 후 재빨리 종을 치는 것이 이 게임의 방식입니다.

48

걸어주세요

- ● 준비물 양파링, 나무젓가락, 접시
- ● 연령 5세 이상
- ● 놀이목적 대근육 발달, 균형감각 향상

step 1

1. 나무젓가락을 입에 뭅니다.

2. 손을 쓰지 않고 양파링을 입에 문 젓가락에 걸어 접시로 옮깁니다.

3. 제한된 시간 안에 접시에 많이 옮기는 사람이 이깁니다.

step 2

1. 입에 물고 있는 나무젓가락에 상대방이 양파링을 끼워줍니다.

2. 떨어뜨리지 않고 많은 개수를 물고 있는 사람이 이깁니다.

Tip

❶ 모차르트의 〈터키행진곡〉 음악을 들으면서 진행해봅니다.

❷ 협력을 통해 목적을 달성함으로써 타인과의 역할을 수용할 수 있는 능력, 다양한 행동유형과 상황에 적절하게 대처할 수 있는 내적 자원이 생깁니다.

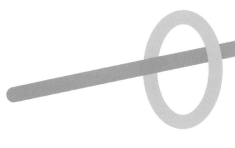

 엄마. 하음이가 반칙했어.

과자를 손으로 잡았어.

내가 언제 그랬어?

내가 봤는데. 너 왜 거짓말해?

그래도 괜찮아. 내가 이겼으니까~

친환경 사이트

두 아이들이 아토피가 있어서 엄마는 환경과 먹거리에 관심이 많습니다.

요즘 우리 아이들 몸에 유해성분이 나도 모르게 침투되는 경우가 많은 것 같네요.

건강한 삶을 위하여 친환경 사이트를 소개합니다.

- 한살림 생협 연합회 (www.hansalim.or.kr)
- 아이쿱 자연드림 (www.icoop.or.kr)
- 두레 생협 연합 (http://dure-coop.or.kr)
- 언니네 텃밭 (http://www.sistersgarden.org)

49

집게 꽂아주세요

● 준비물 빨래집게
● 연령 5세 이상
● 놀이목적 소근육 발달, 인지기능 향상

1. 가위바위보를 합니다.

2. 이긴 사람이 상대방의 옷에 빨래집게를 꽂아줍니다.

3. 옷에 빨래집게가 적게 꽂혀 있는 사람이 이깁니다.

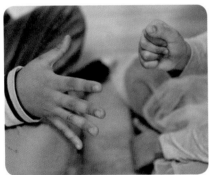

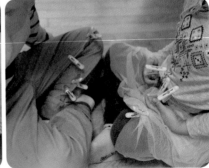

Tip

❶ 흥이 나서 빨래집게를 얼굴에 찝는 등의 행동을 할 수 있으니 유심히 관찰해야 합니다.

❷ 빨래집게를 하나씩 세면서 빼어보고 수의 개념을 인지시켜줍니다.

놀이 대화

🧒 엄마 칙칙폭폭 기차 같아.

👩 빨래집게가 정말 기차처럼 한 줄 모양을 하고 있구나.

👦 엄마 볼을 집어야지!!

👩 안돼요. 아파요.

(장난기 발동 그만~)

50

동그라미 안에~얏!

- 준비물 동전, 과녁판
- 연령 5세 이상
- 놀이목적 대근육 발달, 집중력 향상 **놀이도구 참조** 212-213쪽

step 1

1. 과녁판 안에 동전을 5회 던집니다.
2. 합계 후 점수가 높은 사람이 이깁니다.

step 2

1. 구멍이 뚫린 고리를 준비합니다.
2. 구멍 안에 동전을 던져서 넣어봅니다.
3. 구멍 안에 동전을 먼저 넣는 사람이 이깁니다.

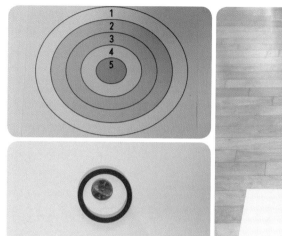

Tip
❶ 신체 게임의 경험을 통해 즐거움을 느끼고 불안통제, 자아를 존중하는 경험을 하게 됩니다.
❷ 게임을 통해 계획적이고 조직화된 전략으로 논리적인 사고를 증진 시킬 수 있습니다.

다양한 놀이 방법 제시

똑똑한
육아상식

▷ **말놀이** '간장 공장 공장장은 간 공장장이고, 된장 공장 공장장은 장 공장장이다.'
　◎ 잘 따라 하는 아이에게 긍정적인 피드백을 줍니다.

▷ **1분 세기**
　◎ 10초를 먼저 세고 난 뒤 눈을 감고 1분이 되었다고 생각이 들 때 손을 듭니다.

▷ **입으로 하는 가위바위보**
　◎ 가위 바위를 입으로 함께 구호한 후, 보를 구호할 때는 본인이 내고 싶은 것(가위, 바위, 보 중 하나)을 말합니다.

1장 긍정적인 경쟁심을 길러주는 승부 놀이　**157**

- 수면시간을 바로잡습니다.
  - 의도적으로 햇볕을 쬐게 하여 수면시간을 규칙적으로 잡습니다.
- 3시 이후에는 낮잠을 재우지 않습니다.
- 가습기를 틀어 방안을 촉촉하게 합니다.
  - 건조하지 않도록 실내습도를 맞춰 줍니다.
- 스탠드를 켭니다.
  - 멜라토닌은 어둡고 편안한 환경에서 활발하게 분비됩니다. 실내를 조용히 만들고 어둡게 분위기를 만들어줍니다.
- 취침 2시간 전에 목욕을 합니다.

하진이, 하음이는 또래보다 키가 큽니다. 아마도 어렸을 때부터 수면습관이 잘 잡혀서 일찍 자고 일찍 일어나서 그런 건 아닌가 생각해봅니다.

51

종이야 빨리 떨어져!

- 준비물 포스트잇
- 연령 5세 이상
- 놀이목적 대근육 발달, 표현력 증진

1. 얼굴에 포스트잇을 붙입니다.
2. 몸을 움직여 종이를 먼저 떨어트리는 사람이 이깁니다.

놀이의 울림

유치원 숲 체험,

쑥을 이용해 하트모양 만들기,

꽃을 찾는 미션 수행,

민들레꽃과 딱딱한 나무껍질도 만져보며

자연 친화적인 핀란드의 오감 교육을

작게나마 느껴봅니다.

Tip 포스트잇을 보이지 않는 곳에 붙여두고 '상대방의 종이 찾기'로 응용해봅니다.

포스트잇으로 각자의 색깔을 정합니다.

· 한 사람이 눈을 감고 있으면 상대방은 집 안에 자신의 포스트잇을 군데군데 붙여둡니다.

· 눈을 감았던 사람이 상대방의 붙여 둔 포스트잇을 찾아봅니다.

숲 체험의 긍정적인 효과

- 규칙을 지키고 활동 주변을 정리하며 손을 깨끗이 함으로 청결, 예절, 질서 등 바른 생활 태도를 형성합니다.

- 자연 속 다양한 생명을 만나면서 꽃, 나무, 새들과 대화하고 자신의 감정을 인식, 조절하는 능력이 향상됩니다.

- 호기심을 가지며 자신의 감정을 마음껏 활성화할 수 있습니다.

- 자연물을 놀잇감으로 활용하는 과정에서 상상력, 창의력이 향상되며 협동 놀이로 발전시키면서 원만한 또래 관계가 형성됩니다.

- 바깥놀이 공간에서 신체를 극대화하여 움직임으로써 몸의 탄력과 유연성을 기를 수 있습니다.

52

내 콩 어디있니?

- 준비물 콩 또는 동그란 교구, 접시, 젓가락
- 연령 5세 이상
- 놀이목적 소근육 발달, 집중력 향상

1. 제한된 시간 안에 콩을 자기 앞으로 모읍니다.

   (짧은 동요를 사용해도 좋습니다.)

2. 많이 모은 사람이 이깁니다.

❶ 제한된 시간 안에 모은 콩을 많이 덜어내는 게임으로 응용해봅니다.

❷ 젓가락질이 어려우면 숟가락으로 대체합니다.

- 새로운 것에 대한 두려움과 거부감을 없애줍니다.
  - 이유기부터 다양한 맛과 냄새, 질감을 느낄 수 있는 이유식을 만들어주어 입맛이 다양해지도록 유도합니다.
- 아이가 즐겁게 먹을 수 있도록 합니다.
  - 얼마나 먹느냐보다 어떻게 먹느냐가 더 중요합니다. 혼나면서 먹는 시간은 두려운 식사시간이 됩니다.
- 절대 억지로 먹이지 않습니다.
  - 새로운 음식은 한 번에 한 가지만 준 뒤 반응을 살피고 좋아하는 음식과 함께 주는 등 방법을 찾습니다.
- 조리법을 바꾸어 봅니다.
  - 조리법을 바꾸거나 아이들이 좋아하는 캐릭터나 꽃, 나뭇잎 모양으로 만들어 봅니다.

- 《아이 몸에 독이 쌓이고 있다》 -

53

슝슝 책 스케이트 타요!

● 준비물 책 또는 신문지

● 연령 7세 이상

● 놀이목적 표현력 증진, 타인에 대한 긍정적 인식, 언어능력 향상

1. 책 위에서 스케이트 타는 모습을 취합니다.

2. 반환점을 돈 후 출발점으로 먼저 되돌아오는 사람이 이깁니다.

Tip

❶ 림스키 코르사코프의 〈왕벌의 비행〉 음악을 듣고 수행해봅니다.
벌들의 긴박함과 박진감을 전해주며 흥미를 돋워 줍니다.

❷ 노래가 끝날 때까지 반환점을 많이 도는 방법으로 응용할 수 있습니다.

아이의 몸에서 독을 빼는 방법

▼ 목욕

◎ 피부에서 독소나 노폐물이 원활하게 배출되면 면역력이 향상돼 질병 예방 효과에 도움이 됩니다.

▼ 운동

◎ 심장근육이 튼튼해지고 심혈관계 탄성이 좋아져 혈액순환이 원활해집니다.

▼ 웃고 떠들기

◎ 웃음은 스트레스와 분노, 긴장을 풀어주고 면역력을 높여줍니다.

▼ 스트레스 없애기

◎ 장운동은 자율신경에 의해 조절되는데, 스트레스를 받으면 장운동에 이상이 생깁니다. 스트레스를 풀어야 가스가 배출됩니다.

감정을 조절하는 법

속상한 일이 생겼나요?

아이들을 양육하면서 누구나 겪을 수 있는 감정들

어떻게 나의 감정을 컨트롤 하시나요?

아무 생각 없이 햇살 보며 걷기?

좋아하는 음식 먹기?

화병에 꽃을 꽂아 눈에 보이는 곳에 두기?

아무에게도 말하지 못하는 감정들 글로 표현하기?

깨끗이 청소하고 정리 정돈하기?

나에게 맞는 스트레스 해소법을 찾아

피할 수 없으면 즐기는 육아가 되어보아요.

2장

자긍심을
높여주는
협력놀이

54

마사지 스킨십

- ● 준비물 아로마오일 또는 로션
- ● 연령 6세 이상
- ● 놀이목적 타인과의 관계성 향상, 친밀감 향상

1. 상대방의 몸에 아로마 오일을 발라줍니다.
2. 등, 발바닥, 손바닥과 같은 부위를 눌러주고 지압을 해줍니다.

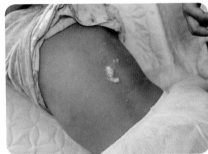 

 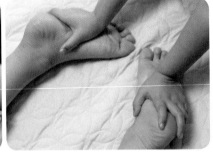

 Tip 엄마가 조력자의 역할을 하면서 마사지의 효능, 몸의 구조, 발의 기능 등 다양한 이야기를 하면서 진행합니다.

동생의 어느 발가락이 가장 길까?

찾아보자.

빙고!! 검지다.

동생의 발바닥에서 손가락 달리기를 해보자.

느리게. 하나 둘 셋 넷.

빠르게, 두두두두두두두웅.

 엄마, 너무 재미있어.

달리기 한 번 더해!

똑똑한
육아상식

- 체중이 증가합니다.
- 생리적 반응이 안정되어 심장박동 수는 감소하고 산소포화도는 증가합니다.
- 스트레스 호르몬 농도가 감소합니다.
- 모아간 정서적 유대강화와 긍정적 모아관계 형성에 효과적입니다.

성 상담 교육기관

- 푸른 아우성 ○ 맞춤 성교육(방문 성교육) 등
- 서울시립 청소년 성문화센터 ○ 어린이 체험형 성교육 등
- 탁틴 내일 ○ 찾아가는 성교육 등
- 각 지역 청소년 성문화센터

유아기 때부터 소중한 우리 몸 지키기 연습을 해보아요.

인체와 관련된 동화

- 별똥별을 타고 온 외계인 (별똥별)
- 내 몸은 바빠요 (한국헤밍웨이)
- 뇌는 못하는 게 없어 (한국헤밍웨이)

55

멋진 손

- 준비물 종이, 색연필, 사인펜
- 연령 7세 이상
- 놀이목적 언어능력 향상, 자아존중감 향상, 타인에 대한 긍정적 인식

1. 상대방의 손을 탐색해보고 종이에 손바닥을 그려줍니다.
2. 멋진 손으로 상대방을 위해 할 수 있는 일이 무엇이 있는지 이야기를 해 봅니다.
3. 앞서 나눈 이야기를 실천하도록 약속합니다.
4. 그린 손바닥을 색연필과 사인펜으로 꾸민 후 느낌을 이야기해봅니다.

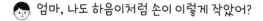

 놀이
대화

👦 엄마, 하음이 손목에 큰 점이 있어.

👩 하진이가 그동안 몰랐구나.

　　몽고점처럼 크지?

👦 엄마, 나도 하음이처럼 손이 이렇게 작았어?

👩 그럼! 하진이도 작았지.

👦 하음아! 너 매니큐어 가지고 오면 오빠가 발라줄게.

👧 그래, 좋아.

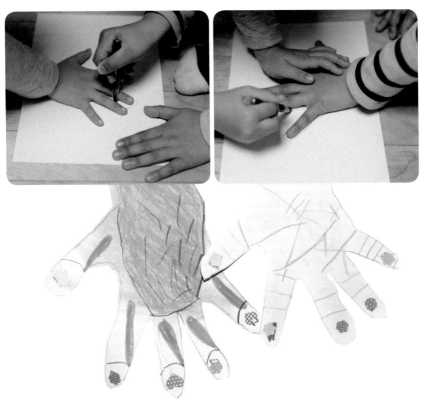

 Tip

❶ 신체 탐색을 하면서 발바닥도 같은 방법으로 응용할 수 있습니다.

❷ 온정적인 신체접촉은 타인과의 긍정적인 유대관계를 느끼게 해줍니다.

형제 관계개선 프로그램 효과

- 형제의 갈등 상황에서 동등한 입장으로 공감 또는 반영해 주는 아동 중심 전략의 방법을 사용합니다.
- 역할놀이를 반복 실행하는 것으로써 형제간 갈등의 감소가 가능합니다.
- 형제가 상호작용을 시도하거나 반응할 수 있도록 어머니가 적절한 시기에 촉구 또는 중재를 사용하도록 강화합니다.
- 다양한 놀이 활동을 소개하고 가르쳐 자녀들과 함께 가정에서 수행함으로써 형제간의 긍정적 상호작용은 증가하고 부정적 상호작용의 감소가 가능합니다.

56

실천하는 사랑

● 준비물 물, 대야, 아로마 오일
● 연령 7세 이상
● 놀이목적 타인에 대한 긍정적 인식, 자아존중감 향상

1. 대야에 물을 받아 상대방의 발을 씻어줍니다.
2. 발을 씻어주는 사람은 상대방에게 그동안 잘못했던 부분을 이야기한 후 앞으로 어떻게 사랑해 줄 것인지 이야기를 합니다.
3. 상대방은 용서하고자 하는 부분을 이야기합니다.

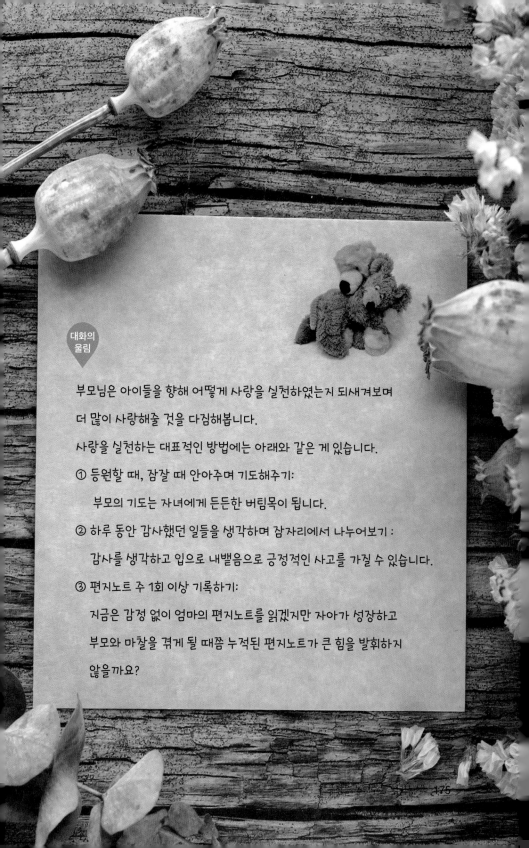

대화의
울림

부모님은 아이들을 향해 어떻게 사랑을 실천하였는지 되새겨보며

더 많이 사랑해줄 것을 다짐해봅니다.

사랑을 실천하는 대표적인 방법에는 아래와 같은 게 있습니다.

① 등원할 때, 잠잘 때 안아주며 기도해주기 :

　부모의 기도는 자녀에게 든든한 버팀목이 됩니다.

② 하루 동안 감사했던 일들을 생각하며 잠자리에서 나누어보기 :

　감사를 생각하고 입으로 내뱉음으로 긍정적인 사고를 가질 수 있습니다.

③ 편지노트 주 1회 이상 기록하기 :

　지금은 감정 없이 엄마의 편지노트를 읽겠지만 자아가 성장하고

　부모와 마찰을 겪게 될 때쯤 누적된 편지노트가 큰 힘을 발휘하지

　않을까요?

57 컵타 연주

- 준비물 종이컵
- 연령 7세 이상
- 놀이목적 집중력 향상, 표현력 향상, 창의력 향상

1. 컵으로 구조적인 패턴 약 두 가지를 정합니다.

2. 익숙한 노래에 대입하여 맞추어 보며 연주합니다.

3. 번갈아 가며 패턴을 제안해봅니다.

> 예 구저적인 패턴을 반복합니다. 예를 들면 아래와 같습니다.
> 양손에 컵을 잡고 교차하여 바닥을 칩니다.(둥글게 둥글게) ◎ 컵을
> 마주 보게 하며 부딪칩니다.(짝) ◎ 컵을 양손에 잡고 두 손을 빙글빙
> 글 돌립니다.(빙글빙글 돌아가며) ◎ 양손에 컵을 잡고 손을 ×자로
> 바꾼 후 바닥을 칩니다.(춤을 춥시다)

컵타는 무엇일까요?

1997년 후반부에 사물놀이를 응용하여 만든 난타*라는 퍼포먼스가 처음으로 시작되었습니다. 이 공연은 주방의 도구들로 이루어진 타악기 퍼포먼스인데 '컵타'는 이를 응용하여 생활 속에서 쉽게 구할 수 있는 플라스틱 컵을 이용하여 음악교육에 적용한 활동입니다.

컵타 연주하기 좋은 음악

- 둥글게 둥글게 (작곡: 정근)
- 얼굴 찌푸리지 말아요 (작곡: 최창현)
- 에델바이스 (작곡: 리처드 로저스 Richard Rodgers)
- 도레미송 (작곡: 리처드 로저스 Richard Rodgers)

🙂 용어설명

난타: 권투시합의 난타전처럼 마구 두드린다는 뜻입니다. '난타'는 사물놀이 리듬을 소재로 드라마화 한 작품으로써 한국 최초의 비언어극(Non-Verbal Performance)입니다. 한국의 사물놀이를 서양식 공연양식에 접목한 이 작품은 대형 주방을 무대로 하여 네 명의 요리사가 등장하여 결혼 피로연을 위한 요리를 만드는 과정에서 각종 주방기구 즉 냄비, 프라이팬, 접시 등을 가지고 사물놀이를 연주하는 내용으로 구성되어 있습니다.

58

'같이'의 가치

● 준비물 단무지, 치킨너깃, 이쑤시개
● 연령 6세 이상
● 놀이목적 감정교류, 표현력 증진

1. 재료를 탐색 후 꼬치를 만드는 방법을 배웁니다.
2. 2분이라는 제한된 시간 안에 혼자 만들어봅니다.
3. 혼자 몇 개를 만들었는지 세어봅니다.
4. 다 함께 만든 꼬치의 수를 세어보고, 혼자 만든 수와 비교하며 이야기해 봅니다.
5. 함께 도우며 빠르게 끝낼 수 있는 일들은 무엇이 있는지 생각해보고 실천하도록 합니다.

  애들아! 혼자서 몇 개 만들었어?

 세 개. 네 개 만들었어.

 단무지가 잘 안 꼽혀서 힘들었지?

모두 합하니 일곱 개구나.

접시가 더 풍성해졌다.

❶ 협동을 하면 더 많은 결과물을 만든다는 것을 알게 되므로, 돕기 행동의 증진을 초래할 수 있습니다.

❷ 같이의 가치를 긍정적으로 인지시켜줍니다.

❸ 개인의 취향에 따라 메추리 알을 추가하거나 과일로 대체하여 만들 수도 있습니다.

우분투(UBUNTO)

아프리카 부족에 대해 연구 중이던 인류학자가
한 부족 아이들을 모아놓고 게임 하나를 제안했습니다.
아프리카에선 보기 드문 싱싱하고 달콤한 딸기가 가득 찬 바구니를 놓고
먼저 바구니까지 뛰어간 아이에게 과일을 모두 주겠노라 한 것이지요.
인류학자의 예상과는 달리 아이들은 미리 약속이라도 한 듯
서로의 손을 잡았습니다.
그리고 손에 손을 잡은 채 함께 달리기 시작했습니다.
아이들은 바구니에 다다르자 모두 함께 둘러앉아
입안 가득 과일을 베어 물고 키득거리며 재미나게 나누어 먹었습니다.
인류학자는 아이들에게
"누구든 일등으로 간 사람에게 모든 과일을 주려 했는데
왜 손을 잡고 같이 달렸느냐"라고 묻자
아이들의 입에선 우분투(UBUNTU)라는 단어가 합창하듯 쏟아졌습니다.
그리고 한 아이가 이렇게 덧붙였습니다.
"나머지 다른 아이들이 다 슬픈데 어떻게 나만 기분 좋을 수가 있는 거죠?"
'우분투(UBUNTU)'는 아프리카 코사(Xhosa)어로
'우리가 있기에 내가 있다'라는 뜻입니다.

59

징검다리 건너기

- 준비물 눈가리개(손수건 등), 받침대
- 연령 6세 이상
- 놀이목적 협동심 증진, 사회교류기술 향상

1. 책(받침대)을 다양한 높이로 쌓아둡니다.
2. 손수건으로 눈을 가리면 상대방이 손을 잡아줍니다.
3. 인도자는 받침대의 높이에 따라 '높이', '낮게', '가까이', '멀리' 등의 말을 해줍니다.
4. 상대방의 말을 신뢰하며 책(받침대)을 밟아봅니다.

Tip

❶ 활동 후 느낌을 이야기하며 서로에게 든든한 조력자가 되어주도록 합니다.
❷ 7세 이상 아동은 《조금 특별한 아이》(도토리나무)를 읽으며 적용해봅니다.

😊 아~넘어질 것 같아.

오빠 손 꼭 잡아줘.

🧒 그래, 그래.

오빠가 손을 잡아주니

두 칸 점프를 해볼까?

(든든한 오빠가 있어서 참 좋은 날입니다.)

아이와 즐겁고 효과적인 놀이시간을 가지려면!

💜 **결과물이 아닌 과정 중심의 놀이를 해주세요.**

　◎ "이것 봐. 이렇게 해야지."

　　결과에 신경을 쓰기 시작하면 아이들은 놀이를 노는 일로 받아들이지 않고 과
　　제로 받아들입니다. 즐거움이 사라진 놀이는 스트레스가 되고 정신건강을 담
　　당하는 전두엽 발달을 방해하는 요소가 됩니다.

💜 **자녀가 좋아하는 놀이를 선택해주세요.**

　◎ 아이의 발달연령에 맞는 놀이를 선택하되 아이가 좋아하는 놀이를 하게 합니
　　다. 취학 전 아이는 역할놀이나 신체놀이를, 초등학교 저학년 아이라면 도구
　　를 이용한 놀이나 경쟁적인 놀이에 관심이 많습니다.

💜 **짧은 시간이라도 정해진 시간에 규칙적으로 놀아주세요.**

　◎ 정해진 시간에 놀이를 규칙적으로 하는 것은 부모와의 친밀도를 높일 뿐만 아
　　니라 두뇌발달에도 도움이 됩니다.

- 《놀이의 반란》 -

60

무슨 모양이 나올까요?

- 준비물 스케치북, 털실
- 연령 5세 이상
- 놀이목적 소근육 발달, 집중력 향상, 지속력 향상

1. 털실의 끝을 잡고 곡선으로 일정 부분 모양을 만듭니다.

2. 테이프를 붙여 고정합니다.

3. 번갈아 가며 '꿈틀대는 지렁이 모양'을 자유롭게 만들어봅니다.

4. 빈 공간이 다 채워지면 마무리합니다.

5. 숫자 또는 비슷한 모양 등으로 숨은그림찾기를 해봅니다.

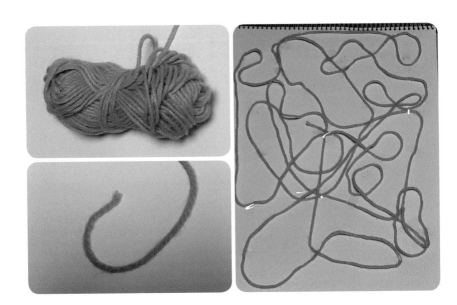

 Tip 준비된 도안을 보며 털실로 모양을 만들어볼 수 있습니다.

도서관 프로그램

각 시, 구, 동마다 설립되어있는 도서관에서 다채로운 프로그램을 수시로 무료 진행합니다. 아이와 함께 우리 집 드나들 듯 손잡고 다녀볼까요?

미션 ❶ 휴대폰에 해당 지역 도서관 앱을 설치합니다.

    ❷ 문화행사 카테고리를 확인하여 신청합니다.

- 그림자극 & 인형극
- 신나는 동화, 중국어, 영어 나라
- 초등독서논술
- 그림책 놀이
- 역사야, 놀자

- 책 읽어주는 언니, 오빠
- 아트테라피 & 캘리그라피
- 변검 & 마술쇼
- 음악과 이야기가 있는 북 콘서트
- 도서관과 함께하는 숲 이야기

물감놀이
- 종이를 반으로 접습니다.
- 물감 묻힌 실을 종이 안에 넣고 잡아당깁니다.

실뜨기
- 실의 양 끝을 서로 연결해서 두 손에 걸고 두 사람이 주고 받으면서 여러 모양을 만들어봅니다.

목걸이 만들기
- 꽃잎에 구멍을 뚫어 실을 연결하여 목걸이를 만듭니다.

구슬꿰기
- 동그란 과자(링모양)에 실을 연결하여 구슬꿰기를 해봅니다.

61 멋진 모양 만들기

- 준비물 빨대, 물감, 종이
- 연령 5세 이상
- 놀이목적 감성 증진, 균형감각 향상, 창조적 표현력 증진

1. 협동하는 활동으로 종이에 물감 액을 떨어뜨립니다.

2. 빨대로 멀리 불어 다양한 모양을 만들어봅니다.

3. 모양을 보며 닮은꼴 이야기를 해봅니다.

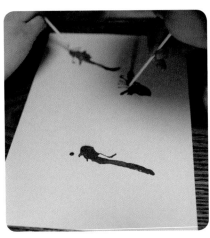

Tip

❶ 그림을 준비하여 같은 모양으로 만들어 볼 수 있습니다.

❷ 음악을 들으면서 박자에 맞추어 빠르게, 느리게 불어보며 속도감을 조절할 수 있습니다.

❸ 같은 목표를 지닌 작품을 수행하는 과정 중 집단 속에서의 책임감, 협동심, 상대방에 대한 이해를 키울 수 있습니다.

소근육 발달을 위한 미술 활동 소개

▶ **펀치로 모양 뚫기**

❶ 도안에 구멍을 뚫어서 다양한 모양을 만들어봅니다

❷ 구멍 안에 털실을 넣어 연결해봅니다.

▶ **직조짜기**

❶ 꼬아 있는 지끈을 펼칩니다.

❷ 옛날 사람들이 옷을 만들 때 씨실과 날실을 겹쳐서 만드는 것과 비슷하다는 것을 인지시키며 직조짜기를 해봅니다.

▶ **팽이 만들기**

❶ 골판지를 감아서 팽이를 만듭니다.

❷ 가운데는 이쑤시개로 중심을 잡아줍니다.

 놀이 대화

아빠하고 엄마는 파란색 옷을 입어서 차가워 보여.

하음이는 입술이 파래서 차가워 보이고!

(밥상 위에서 이야기가 흘러나옵니다.)

아이들과 힘겹게 겨루었던 오늘 하루
엄마의 마음은 무슨 색일까?
문득 생각해봅니다.

62

무엇이 숨어 있을까요?

- 준비물 작은 물건들, 달걀 상자, 눈가리개
- 연령 5세 이상
- 놀이목적 인지발달 향상, 언어발달 향상, 감각발달 향상

물건 추가하기

1. 물건의 이름을 사전에 알려줍니다.
2. 달걀 상자를 비워둡니다.
3. 눈을 가리고 번갈아 가며 바닥에 있는 물건을 맞추고 달걀 상자에 넣어 둡니다.

물건 빼기

1. 물건의 이름을 사전에 알려줍니다.
2. 달걀 상자에 물건을 모두 채워 넣습니다.
3. 눈을 가리고 번갈아 가며 물건을 빼고 이름을 맞춥니다.

물건 추가하기

물건 빼기

칠교놀이

❶ 그림을 출력하여 색칠을 한 후 일곱 조각으로 자릅니다.

❷ 함께 자르기 전 모양으로 완성 시켜 봅니다.

그림자 만들기

◎ 눈을 가린 채 상대방의 머리부터 발끝까지 만져보며 상대방이 취한 자세와 똑같은 모습을 만들어봅니다.

세계여행하기

❶ 세계 지도에서 가고 싶은 대륙을 정합니다.

❷ 가고 싶은 나라를 말하면 상대방이 찾아 스티커를 붙여줍니다.

협동을 깨닫는 동화책

🍃 커다란 순무 (비룡소)

🍃 까만 크레파스 (웅진주니어)

🍃 브레멘 음악대와 그림 형제 동화 (보물창고)

63

몸으로 표현해보아요

- 준비물 상자, 그림카드
- 연령 5세 이상
- 놀이목적 인지발달 향상, 창의력 향상, 표현력 증진   놀이도구 참조 212-213쪽

1. 게임 전 그림카드를 확인하고 이야기를 나눕니다.

2. 상자 안에 그림카드를 넣습니다.

3. 상자 안에서 그림카드를 뽑아봅니다.

4. 뽑은 그림카드를 의성어나 신체로 표현하면 상대방이 맞추어 봅니다.

Tip

❶ 엄마가 신체로 표현하고, 그림카드를 먼저 맞추는 사람이 이기는 것으로 적용해봅니다.

❷ 창의적인 신체 움직임을 통해 운동지각 능력과 잠재되어있는 상징적인 표현능력을 발달시킬 수 있습니다.

똑똑한
육아상식

체험학습하기 좋은 곳

 서울
- 경찰 박물관
- 떡 박물관
- 전기 박물관
- 허준 박물관
- 서울숲
- LG 사이언스 홀
- 신한은행 어린이금융체험

경기
- 부천로보파크
- 물테마박물관
- 만화박물관
- 카메라박물관
- 아프리카문화원
- 양평국제천문대
- KOICA지구촌체험관

전라
- 임실치즈마을
- 고창고인돌박물관

그 외
- 에디슨과학박물관(강원)
- 별주부마을(충청)
- 항공우주박물관(경남)

64 훌라후프 기차

- ● 준비물 훌라후프, 타악기
- ● 연령 5세 이상
- ● 놀이목적 인지발달 향상, 상호작용 향상

1. 훌라후프 안에 들어가서 칙칙폭폭 리듬에 맞추어 두 명이 함께 걷거나 달립니다.
2. 엄마가 징글스틱(타악기)으로 빠르게 또는 느리게 연주하면 속도에 맞추어 훌라후프 기차를 달립니다.
   (〈기차를 타고〉 동요를 활용합니다.)
3. 한 박(♩), 반박(♪) 등의 개념을 인지 후 음표 박자 걷기를 해봅니다.
4. 쉼표를 인지하여 멈춤을 해봅니다.
   - ★ 항상 함께 움직이는 것을 인지시켜주며 상대방이 넘어질 때 일으켜 세워주도록 합니다.

 Tip '훌라후프 넘기'로 응용할 수 있습니다.

방법 ❶ 〈동대문을 열어라〉 동요를 활용하면 역동감이 생깁니다.

　　　❷ 노래를 부르면서 '문을 닫는다' 가사에서 엄마가 융통성 있게 훌라후 프를 올리며 높이조절을 할 수 있습니다.

 놀이 대화 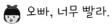 오빠, 너무 빨라.

천천히. 으앙 엉엉.

(오빠의 스텝에 맞추지 못하고 결국은 넘어졌다.)

하음아, 괜찮아? 오빠 잡아.

이제 천천히 걸어볼게.

하고 싶은 말

하진이가 어느 날 밤, 잠자리에서

"엄마 하고 싶은 말이 있어"라고 하였죠.

"무슨 말이 하고 싶어?"

 엄마는 물었습니다.

"사랑해!!"

엄마는 깜짝 놀랐습니다.

감정표현을 잘하지 않는 아이의 입에서 나온 말이었기 때문입니다.

아마도 일주일이 넘는 짧은 시간 동안

'잔소리하지 않기', '묵묵히 기다리며 지켜봐 주기'라는

엄마의 다짐이 잘 전달 되지 않았나 생각이 들었습니다.

65

신문지 활용법

● 준비물 신문지, 바구니, 스카치테이프
● 연령 5세 이상
● 놀이목적 자긍심 향상, 감정 표현

1. 신문지를 찢습니다.
2. 신문지를 모아서 공을 만든 후 테이프로 감싸줍니다.
3. 본인의 바구니에 공을 넣은 채 주고받기를 합니다.
4. 만든 공으로 축구도 해봅니다.

Tip

❶ 신문지 찢기: 정서적 안정을 위해 〈짐노페디 No. 1〉을 들으며 진행합니다.
❷ 공을 주고받기: 긴장감을 주기 위해 차이콥스키의 〈트레파크(Trepak)〉를 들으면서 진행합니다.
❸ 자유로운 찢기 표현은 부정적인 감정을 해소하는 동시에 놀이로 재창출하여 감정을 발산시킬 수 있습니다.

음악놀이의 좋은 점

똑똑한
육아상식

💜 음악의 구조 속에서 칭찬해주기, 약속하기 등 규칙으로 긍정적인 자아개념을 가질 수 있습니다.

💜 고립되어 있거나 사회적 참여에 제약이 있는 사람들에게 사회통합에 기여할 수 있게 해줍니다.

💜 리듬, 박자, 셈여림, 빠르기 등으로 변별, 분석, 재창조함으로써 지적능력을 향상시킵니다.

66

콩아, 어디 숨었니?

- ● 준비물 콩 또는 작은 조각, 눈가리개
- ● 연령 5세 이상
- ● 놀이목적 주의력 향상, 창의력 향상

1. 눈가리개나 수건으로 눈을 가립니다.

2. 상대방은 콩을 보이지 않게 몸에 숨깁니다.

3. 발가락에 숨겨봅니다.

4. 귓구멍에도 숨겨봅니다.

5. 눈가리개를 풀고 몸을 더듬으며 콩을 찾아냅니다.

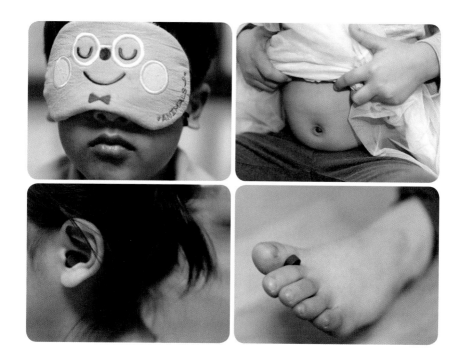

 Tip 너무 작은 물체는 위험할 수 있으니 조심합니다.

영화감상의 효과

 똑똑한 육아상식

- 💜 자신의 결핍, 욕망, 판타지를 대리 경험하게 합니다.
- 💜 놀이의 재미를 주는 동시에, 마음을 치유 받을 수 있습니다. 새로운 생각과 웃음, 슬픔 등 감정을 자극합니다.
- 💜 영화의 주인공들을 통해 상호작용하는 방법을 배웁니다.

아이와 함께 보면 좋은 영화 추천

- 🦋 찰리와 초콜릿 공장
- 🦋 맨발의 꿈
- 🦋 마틸다
- 🦋 페어런트 트랩
- 🦋 제임스와 거대한 복숭아
- 🦋 원더
- 🦋 헤어스프레이

67

모여라~ 얏!

- ● 준비물 신문지
- ● 연령 5세 이상
- ● 놀이목적 타인과의 관계성 인식, 집중력 향상

1. 신문지를 가장 크게 폅니다.

2. 서로 꼭 안아줍니다.

3. 신문지 바깥으로 몸이 나가지 않도록 합니다.

4. 반으로 접으면서 반복 수행합니다.

5. 신문지 위에 올라가지 못할 때까지 반복합니다.

 Tip 신문지의 면적이 점점 좁아질 때의 느낌에 대해 이야기를 나누어봅니다.

68

함께하는 우리 몸

- **준비물** 바구니, 신체부위 그림카드
- **연령** 5세 이상
- **놀이목적** 사회교류기술 향상, 타인과의 관계성 인식 **놀이도구 참조** 212-213쪽

1. 그림을 탐색합니다.

2. 그림을 잘라서 바구니에 보이지 않게 넣어둡니다.

3. 반환점을 정하고 바구니를 의자나, 책상 높이에 올려둡니다.

4. 손을 잡고 바구니가 있는 곳에 와서 그림을 고릅니다.

5. 고른 그림의 신체 부위를 서로 맞대고 반환점까지 돌아옵니다.

   예 손바닥 그림 : 손바닥을 맞대고 반환점까지 돌아옵니다.

   등 그림 : 등을 맞대고 반환점까지 돌아옵니다.

6. 순차적으로 그림을 고르고 진행합니다.

 Tip

서로의 몸을 맞대고 안아봄으로써 일체감을 느낄 수 있습니다.

손등   손바닥   팔   발바닥

다리   귀   코   이마

머리   어깨   등   배

놀이의 적용

똑똑한 육아상식

- 아동 스스로 놀이 활동을 선택하도록 합니다. 성인의 지시가 필요하다면 지지적이고 부드러워야 합니다.
- 아동이 분노, 공포, 성적 호기심과 같은 '수용될 수 없는' 감정을 놀이에서 탐색하는 것을 막지 않습니다. 불안을 감소시킬 수 있고 아동의 심리적 요구에 관해 성인에게 많은 것을 가르쳐주기 때문입니다.
- 놀이를 할 때 위험하게 급히 움직이고 그들의 한계를 시험하는 것을 이해합니다. 이런 종류의 놀이는 아동이 다치는 것을 막기 위해 감독해야 하지만 금지해서는 안 됩니다.
- 구조화된 놀이를 즐기고 있지 않다면 그 활동은 아동에게 놀이가 아닙니다. 즐거움을 증가시킬 방법을 찾거나 다른 활동을 제시합니다.

유튜브 동영상 EBS 〈놀이의 힘〉 영상을 추천합니다.

거리

가까이서 손을 잡을 수 있을 때
가까이서 바라볼 수 있을 때
그 손길과 그 눈길의
설렘은 어느덧 멀어지고 있습니다.
영롱했던 흔적이
그리워질 때 설렘을 다시
붙잡으려는 사랑의 꿈이여!

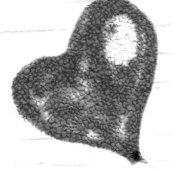

69

보자기 위에서 놀아요

- ● 준비물 보자기, 공, 바구니, 풍선
- ● 연령 5세 이상
- ● 놀이목적 균형감각 향상, 인지기능 향상, 집중력 향상

step 1

1. 보자기 안에 공을 넣어두고 양 끝을 함께 잡습니다.
2. 〈뻐꾹 왈츠〉를 들으며 반환점을 여러 번 돌고 제자리로 돌아옵니다.

step 2

1. 〈뻐꾹 왈츠〉 리듬에 맞추어 공이 들어있는 보자기를 두 박자에 한 번씩 좌우로 흔듭니다.
2. 리듬을 몸으로 느껴봅니다.

step 3

1. 보자기 위에 풍선을 올리고 양 끝을 같이 잡습니다.
2. 음악을 들으며 미리 정해둔 반환점까지 옵니다.
3. 정해진 시간 안에 몇 개를 바구니에 넣는지 세어봅니다.
   (활동 시 엄마가 풍선을 보자기 위에 올려줍니다.)

step 4

1. 보자기로 줄다리기를 할 수 있습니다.

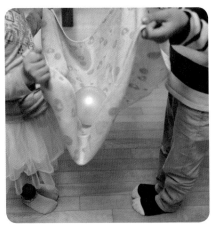

 Tip

❶ 앤더슨의 <고장난 시계(The syncopates Clock)> 음악을 사용해봅니다.

❷ 아이들이 쉽게 구별할 수 있는 우드블럭 소리와 함께 밝은 선율을 제공해

줍니다.

 놀이 대화

😊 뻐꾹. 뻐꾹~ (몸을 좌우로 흔든다.)

😊 뻐꾹. 뻐꾹~ (몸을 좌우로 흔든다.)

<뻐꾹 왈츠>는 $\frac{3}{4}$박자의 춤곡으로 입술과 신체에 절로 흥이나게

합니다.

하음이는 오빠를 따라하기 바쁘네요.

음악으로 나누는 대화 〈말하는 대로〉

말하는 대로 말하는 대로 될 수 있단 걸 눈으로 본 순간 믿어보기로 했지.

마음먹은 대로 생각한 대로 할 수 있단 걸 알게 된 순간 고갤 끄덕였지.

아이를 키우는 것은 '가장 위대한 일'입니다.

그런데 한없이 부어주어야 하는 사랑 때문에

엄마의 존재감이 사라지는 듯하며, 자신감을 상실하게 됩니다.

'말의 힘'을 믿으며 언젠가는 내 꿈을 이룰 수 있다는 소망을 가져보아요.

음악감상의 효과

- 시간적 공간적 제약이 적고 부정적 스트레스를 조절하여 긍정적 기분의 변화를 환기하기에 적합합니다.
- 음악감상을 하면 변연계가 자극되어 기억과 연상을 유도함으로 기분이 변화됩니다.
- 음악은 직접적, 순간적으로 영향을 미치어 정서적인 경험과 감정 상태를 불러일으켜 승화시키거나 심미적 만족감을 얻을 수 있으며 분노와 같은 기분을 진정시킬 수 있습니다.

자녀를 키우는 부모에게 위로가 되는 긍정적인 음악 추천

- 넌 최고야 (작곡: 별)
- 붉은 노을 (작곡: 이영훈)
- 말하는 대로 (작곡: 이적)
- LUCKY (작곡: 바가반 다스 Bhagavan Das)
- 일어나 (작곡: 김광석)
- 작은 자유 (작곡: 오지은)
- Butterfly (작곡: 이재학)

수건아, 가만히 있어

● 준비물 수건
● 연령 5세 이상
● 놀이목적 상호작용 향상, 대근육 발달

1. 수건 한 장을 바닥에 두고 뛰어넘습니다.

2. 수건 두 장을 붙여서 뛰어넘습니다.

3. 수건 세 장을 붙여서 뛰어넘습니다.

4. 수건 서너 장을 단계별로 손잡고 뛰어넘은 후 반환점을 돌아옵니다.

책의 친구들이 너희들하고 똑같아.

장난감, 인형으로 싸우고….

엄마는 맨날 하음이 편만 들고….

그래? 그렇게 느꼈어? 미안해.

아이들에게 자주 일어나는 갈등은 '소유권분쟁'입니다.

분쟁을 막기 위해서는 첫째 아이 물건, 둘째 아이 물건을 분명히 나누고,

상대의 물건을 원할 때는 반드시 허락을 받아야 하며,

공동소유의 경우에는 먼저 잡은 사람이 사용할 수 있되

사용시간을 5분으로 제한하는 규칙을 정합니다.

형제 관계를 위한 동화

🍂 피터의 의자 (시공주니어)　　🍂 순이와 어린동생 (한림출판사)

🍂 동생만 예뻐해 (다림)

놀이가 끝난 후

'엄마! 우리가 이 놀이 했었지? 기억이 나. 너무 재미있었는데….'

아이들은 사진으로 놀이의 흔적을 보며 그때 그 모습을 회상하였습니다.

매주 2~3회 놀이가 끝난 이후, 함께 둘러앉은 저녁 식탁은 도란도란 이야기하는 풍성한 대화의 장이 되었습니다. 그러한 아이들의 모습이 마냥 이쁘기만 했었죠.

엄마가 마음과 몸을 다하여 육아에 동참할 때 아이들은 말하지 않아도 아는 듯하였고, 방심하고 흐트러지는 모습을 보일 땐 아이들 역시 집중하지 못하고 해이해졌습니다.

약 1년 넘게 진행된 '형제관계 개선 놀이법' 프로젝트를 진행하면서 때때로 부족한 엄마의 모습을 발견하곤 했죠.

형제 관계의 문제요인은 성, 연령, 출생 순위, 개인이 경험하는 다양한 환경들이라고 합니다. 하지만 그중에 가장 중요한 것은 부모의 역할이라는 것을 새삼 한 번 더 확인하는 시간이었습니다.

아이들에게 어떻게 대해야 하는지 알면서도, 마음과 다르게 행동이 표출되는 우리(부모)의 모습을 자주 발견하게 됩니다. 부모가 완전하지 않다는 것을 아이들 역시 가정을 이루고 부모가 되었을 때 이해할 날이 올 것입니다.

자녀와 함께하기 위해 우리가 노력했던 추억의 사진 한 장이 그들 마음속에 간직될 수 있다면, 아이들은 인생의 아름다운 관계를 형성하며 살아갈 수 있을 것입니다.

아이들은 오늘도 자라고 있습니다. 여러 가지 체험과 책을 통해 자신과 세상에 대한 이해를 넓히고 있는 중입니다. 어떤 활동에서건 부모의 역할은 중요합니다.

아이들은 특히 부모의 뒷모습까지 관찰하며 정서적으로 영향을 받습니다. 때문에 부모도 스스로 성장하고 행복해지려는 노력을 해야 합니다.

'인생의 기쁨을 찾았는가? 자네 인생이 다른 사람을 기쁘게 했나?'

영화 〈버킷리스트〉에 나오는 말입니다.

아이를 위해서라도 이제는 나를 사랑하는 마음으로 나만의 '버킷리스트'를 만들어보기를 바랍니다. 세상의 모든 엄마를 응원합니다.

어떤 행운을 빌어줄까요? 24쪽

날개 달은 천사 33쪽

너를 위해 무엇을 할까? 42쪽

사랑하는 　　　　를 위해 할 수 있는 일

나는야 가수왕! 108쪽

누가 먼저 찾을까? 122쪽

동그라미안에~얏! 156쪽

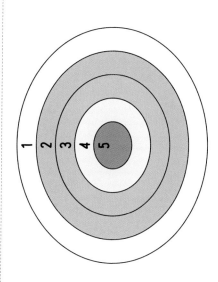

몸으로 표현해보아요 191쪽

함께하는 우리 몸 202쪽

손등   손바닥   팔   발바닥

다리   귀   코   이마

머리   어깨   등   배

참고문헌(가나다 순)

가브리엘라 케셀만, 《애가 먼저 그랬어요》, 고래이야기, 2008

강민경, 《내 생일에 뭐하지?》, 김영사, 2015

강이경, 《조금 특별한 아이》, 도토리나무, 2015

김금향, 《해 떴다 나가놀자》, 키즈엠, 2014

김세실, 《화가 둥둥둥》, 시공주니어, 2009

김범준, 《내 아이를 바꾸는 아빠의 말》, 애플북스, 2014

김성은, 《슬픔을 멀리던져요》, 시공주니어, 2010

김은주, 《엄마 난 왜 작아요?》, 태동, 2001

김종인, 《행복을 주는 음악치료》, 지식 산업사, 2003

김태용, 《5일만에 끝내는클래식》, 소울메이트, 2018

김현경, 《발도르프 음악교육과 놀이》, 물병자리, 2014

나카야 미와, 《까만 크레파스》, 웅진닷컴, 2002

도리스 오겔, 《브레멘 음악대》, 보물창고, 2006

데이빗 섀논, 《줄무늬가 생겼어요》, 비룡소, 2006

몰리벨, 《소피가 화나면 정말 화나면》, 시공주니어, 2013

박혜수, 《참 고마운 친구 숲》, 엔이키즈, 2016

박경화, 《고릴라는 핸드폰을 미워해》, 북센스, 2011

별똥별 편집부, 《별똥별을 타고 온 외계인》, 별똥별, 2016

백희나, 《달 샤베트》, 책 읽는 곰, 2014

백희나, 《구름빵: 욕심바구니》, 한솔, 2012

베르너 홀츠바르트, 《누가 내 머리에 똥쌌어?》, 사계절, 2002

사라 스튜어트, 《리디아의 정원》, 시공주니어, 2017

서현, 《눈물바다》, 사계절, 2009

선현경, 《이모의 결혼식》, 비룡소, 2004

송지희, 《엄마도 위로가 필요하다》, 알에이치코리아(RHK), 2012

시르시티 블롬, 예이르 빙 가브리엘센, 《바다를 병들게하는 플라스틱》, 생각하는 책상, 2018

신성희, 《괴물이 나타났다》, 북극곰, 2014

쓰쓰이 요리코, 《순이와 어린동생》, 한림, 1995

안트예 담, 《색깔손님》, 한울림 어린이, 2015

오현경, 《내 몸은 바빠요》, 한국 헤밍웨이, 2012

이소우, 《내가 더 맛있어》, 어썸키즈, 2014

이반 프랑코, 《커다란 순무》, 비룡소, 2016

임서하, 《날아라 똥제기》, 키큰도토리, 2017

우쓰기 미호, 《치킨 마스크 그래도 난 네가 좋아》, 책 읽는 곰, 2008

우쓰기 미호, 《상어 마스크》, 책읽는 곰, 2013

이선영, 《사시사철 우리놀이 우리문화》, 한솔수북, 2006

임성관, 《열두 가지 감정 행복 읽기》, 책 속 물고기, 2010

임종한, 《아이 몸에 독이 쌓이고 있다》, 예담Friend, 2013

앤서니브라운, 《겁쟁이 빌리》, 비룡소, 2006

에즈라 잭 키츠, 《피터의 의자》, 시공주니어, 1996

엘사 베스코브, 《엄마의 생일 선물》, 비룡소, 2003

엘사 베스코브, 《갈색 아줌마의 생일》, 시공주니어, 2004

주경호, 《우리 할아버지가 꼭 나만했을 때》, 보림, 1999

전래동요, 《꼬방꼬방 대물놀이》, 청어람 주니어, 2007

전성수, 김미자, 《아이야 너의 생각은 어때?》, 브레멘 플러스, 2016

정명숙, 《자신감을 키워주는 질문의 힘》, 아주좋은 날, 2014

정선임, 《행복한 NIE 교과서》, 행복한 미래, 2013

조세핀 김, 《아버지 이펙트》, 비전과 리더십, 2018

제니 데스몬드, 《동생만 예뻐해》, 다림, 2014

정현주 외, 《음악치료 기법과 모델》, 학지사, 2006

제성은, 《코털인간 기운찬의 미세먼지 주의보》, 크레용하우스, 2018

존 셰스카, 《늑대가 들려주는 아기돼지 삼형제 이야기》, 보림, 1996

칼비테, 김락준 옮김, 《칼비테의 자녀교육법》, 베이직북스, 2008

캐슬린 카메론, 존 윌슨, 《둥지없는 암탉》, 으뜸사랑, 2005

케빈 헹크스, 《세상에서 가장 큰 아이》, 비룡소, 1999

크리스틴 리슨, 《천사의 날개》, 세상 모든 책, 2008

팻 허친스, 《자꾸자꾸 초인종이 울리네》, 보물창고, 2006

하은실, 《출렁출렁 기쁨과 슬픔》, 아이세움, 2007

한진규, 《잠이 인생을 바꾼다》, 팝콘북스(다산북스), 2006

허은미, 《웃음은 힘이 세다》, 한울림, 2015

허은실, 《화난돌이 쿵쿵쿵》, 웅진씽크빅, 2011

햇살 어린이 동화 연구회, 《민들레가 전해 준 사랑》, 태동, 2015

햇살 어린이 동화 연구회, 《멋진 형 멋진 자전거》, 태동, 2015

황근기, 《대머리 아저씨 머리카락》, 플라톤, 2003

히도 반 헤네흐텐, 《내 귀는 짝짝이》, 웅진주니어, 1999

하오 광차이, 《지구를 죽이는 1초 , 지구를 살리는 1초》, 미세기, 2010

EBS 놀이의 반란 제작팀, 《놀이의 반란》, 지식너머, 2013

EBS 아이의 사생활 제작팀, 《아이의 사생활》, 지식플러스, 2009

Fergus p.Hughes, 《놀이와 아동발달》, 시그마프레스, 2013